Peter Dyckhoff

Wolke des Nichtwissens

Eintauchen in geistliches Leben

Peter Dyckhoff

Wolke des Nichtwissens

Eintauchen in geistliches
Leben

nach einem englischen Kartäusermönch des
14. Jahrhunderts,
der namentlich nicht bekannt ist

FREIBURG · BASEL · WIEN

© Verlag Herder GmbH, Freiburg im Breisgau 2020
Alle Rechte vorbehalten
www.herder.de

Satz: SATZstudio Josef Pieper, Bedburg-Hau
Herstellung: GGP Media GmbH, Pößneck

Printed in Germany

ISBN Print 978-3-451-38584-1
ISBN E-Book 978-3-451-82027-4

Inhalt

Vorwort 13

Wolke des Nichtwissens 23

Prolog 23

1. Kapitel
Vier Stufen christlichen Lebens 27

2. Kapitel
Sei demütig und dankbar und tue den ersten Schritt 29

3. Kapitel
Hingabe üben und in ihr versinken 31

4. Kapitel
Das Wesen der Zeit und die Ausschaltung der Gedanken 34

5. Kapitel
Alles Geschaffene muss unter der »Wolke des Vergessens« verschwinden 41

6. Kapitel
Die »Wolke des Vergessens« geht der »Wolke des Nichtwissens« voraus 43

7. Kapitel
Von selbst aufsteigende Gedanken und das »Wort« 45

8. Kapitel
Der aktive und der geistliche Teil unseres
Lebens 48

9. Kapitel
Bringe die Gedanken unter die »Wolke des
Vergessens« 53

10. Kapitel
Unterscheidung der Gedanken 56

11. Kapitel
Prüfung der aufkommenden Gedanken 59

12. Kapitel
Der Wurzelgrund des Bösen wird vernichtet
und gute Eigenschaften entfalten sich 60

13. Kapitel
Die vollkommene und die unvollkommene
Demut 63

14. Kapitel
Unsere geistliche Übung enthält die wahre
Demut 65

15. Kapitel
Offenbarung wahrer Demut jenseits unserer
Grenzen und Fehler 68

16. Kapitel
Vergebung der Sünden durch liebende Hingabe
an Gott 70

17. Kapitel
In der Welt aktiv sein und in Gott ruhen 73

18. Kapitel
Kritik von Unwissenden an der geistlichen
Lebensform 77

19. Kapitel
Ruhe und Aktivität ergänzen einander 79

20. Kapitel
Unterstützung des Himmels 81

21. Kapitel
Den besten Teil wählen 84

22. Kapitel
Auch Sünder sind zum geistlichen Leben
berufen 88

23. Kapitel
Das Höchste zuerst und alles andere fällt
uns zu 90

24. Kapitel
Gottesliebe und Liebe zum Mitmenschen
erfüllen sich 92

25. Kapitel
Das Herz weitet sich für alles Geschaffene 94

26. Kapitel
Anfangsschwierigkeiten: Gnade unterstützt den
geistlichen Weg 98

27. Kapitel
Wer kann mit der Übung der »Wolke des
Nichtwissens« beginnen? 100

28. Kapitel
Ein guter Start verspricht schnellen Fortschritt .. 101

29. Kapitel
Seine Tat beurteilen, nicht den Menschen 102

30. Kapitel
Gutes sprechen 103

31. Kapitel
Umgang mit Gedanken jeglicher Art 104

32. Kapitel
Jenseits der Gedanken ist Christus, das Ziel 107

33. Kapitel
Folgen von persönlichen Vergehen werden
getilgt 108

34. Kapitel
Die Initiative liegt bei Gott 110

35. Kapitel
Schriftlesung, Betrachtung und Gebet 113

36. Kapitel
Sprich nur ein Wort 116

37. Kapitel
Das persönliche Gebet 118

38. Kapitel
Der Ruf aus ganzem Herzen 119

39. Kapitel
Was ist Gebet und wie ist es anwendbar? 122

40. Kapitel
Eine Übung zuvor 123

41. Kapitel
Das Eintreten in die Wolke wird maßlos sein ... 125

42. Kapitel
Wer in der Übung der »Wolke« maßlos ist,
findet in allem anderen das rechte Maß 127

43. Kapitel
Von sich selbst Abstand nehmen 128

44. Kapitel
Grenzen des Ego überschreiten 130

45. Kapitel
Ungeahnte Täuschungen können sich
einstellen 133

46. Kapitel
Bei Anstrengung hagelt es Steine 136

47. Kapitel
Dem rein geistigen Bereich den Vorrang
geben 139

48. Kapitel
Beten mit Leib und Seele 141

49. Kapitel
Das Wesen des geistlichen Lebens ist mit
himmlischer Freude verbunden 144

50. Kapitel
Göttliche Gnadenzuwendungen sind
unberechenbar 145

51. Kapitel
Geistiges Verstehen setzt Erfahrung voraus 147

52. Kapitel
Missverständnisse und ihre verheerenden
Folgen 150

53. Kapitel
Vorsicht bei fehlgesteuerter Mystik und
Abhängigkeit 151

54. Kapitel
Der geistliche Weg hinterlässt positive Spuren .. 154

55. Kapitel
Die Unterscheidung der Geister ist wichtig 156

56. Kapitel
Die beiden Wege, von denen einer ins Verderben
führt 159

57. Kapitel
Geistig zu Verstehendes 160

58. Kapitel
Von der Schale zum Kern vordringen 162

59. Kapitel
Überschreiten der zeitlichen und räumlichen
Grenzen 164

60. Kapitel
Der kürzeste Weg zum Himmel 165

61. Kapitel
Alles Körperliche ist Ausdruck des Geistigen ... 167

62. Kapitel
Ist das Ziel des Geistes unter dir, in dir oder
über dir? 169

63. Kapitel
Der Seelengrund als allem zugrunde liegende
Lebenskraft 170

64. Kapitel
Der Verstand und der Wille 172

65. Kapitel
Das Vorstellungsvermögen 173

66. Kapitel
Die Sinneswahrnehmung 175

67. Kapitel
Die drei Entwicklungsstufen 176

68. Kapitel
Vergessen von Raum und Zeit führt geistig in
die Wolke des »Überall« 179

69. Kapitel
Wie Sünde bewusst und getilgt wird 182

70. Kapitel
Das Schweigen des Verstandes führt zur
Gotteserkenntnis 184

71. Kapitel
Geistige Gipfelerfahrung – ein Geschenk
Gottes 186

72. Kapitel
Nicht von sich auf andere schließen 189

73. Kapitel
Die Bundeslade: Sinnbild für die Gegenwart
Gottes 190

74. Kapitel
Der »Wolke« zu folgen, liegt nicht jedem 192

75. Kapitel
Prüfe, ob die »Wolke des Nichtwissens« dein
geistlicher Weg ist............................ 195

»Wolke« in der Heiligen Schrift 199

Literaturverzeichnis 202

Verzeichnis der Abbildungen 204

Vorwort

Eine Schrift von höchster Kostbarkeit

Die geistliche Schrift »Wolke des Nichtwissens« aus dem England des 14. Jahrhunderts galt lange als verschollen. Papst Clemens VII. weigerte sich seinerzeit, die Ehe von König Heinrich VIII. für nichtig zu erklären. Daraufhin beschlossen die englischen Bischöfe am 11. Februar 1531, die Autorität des Papstes im Königreich England nicht länger anzuerkennen. Sie erklärten, dass ihr König nunmehr Oberhaupt der katholischen Kirche in England sei, die sich von diesem Zeitpunkt an anglikanische Kirche nannte. Klöster wurden enteignet, kostbare Wertgegenstände dem König zugeführt und vor allem wertvolle alte Schriften konfisziert oder gar vernichtet. Zum Glück entging die »Wolke des Nichtwissens« diesem Schicksal, sodass die Schrift im 19. Jahrhundert mit der Wiederbelebung der römisch-katholischen Kirche in England wieder auftauchte und uns heute in ihrer Originalsprache zur Verfügung steht.

Der englische Autor der »Wolke des Nichtwissens«

Gemäß mittelalterlichem Brauch legte der Autor keinen Wert darauf, seinen Namen der Nachwelt zu überliefern. Es gelang bisher trotz vieler Versuche nicht, ihn zu identifizieren. Einige Einzelheiten zu seiner

Person lassen sich jedoch aus seinem Werk ableiten. Die »Wolke des Nichtwissens« ist ein in ihrem Stil und in ihrer Aussage literarisches Zeugnis von großer Schönheit. Sie gehört zu den besten Klassikern der geistlichen Literatur in englischer Sprache. Ihr Sprachstil lässt erkennen, dass der Autor im Nordosten Mittelenglands zu Hause war.

In der umfangreichen Erzählung und Auslegung der Perikope »Maria und Marta« (vgl. Lukas 10,38–42) wird deutlich, welch ungewöhnlich feines Sprachbewusstsein der Autor besaß. Das Wesentliche aber, zu dem die Übung der »Wolke des Nichtwissens« führt, liegt jenseits der Sprache im sprachlosen Schweigen.

Der Autor der »Wolke« lebte als Mystiker, Theologe und Seelenführer im England des 14. Jahrhunderts und schrieb in mittelenglischer Volkssprache. Er zog es vor, sein Leben lang in der Anonymität zu bleiben, was ihm auch gelang. Seine Schrift über den geistlichen Weg, die »Wolke des Nichtwissens«, muss er um 1390 geschrieben haben. Man weiß heute auch, dass der Autor der »Wolke« dem bekannten englischen Mystiker und Augustiner-Chorherrn, Walter Hilton (1340–1396), persönlich begegnet ist. In seinem Hauptwerk »Die Leiter der Vollkommenheit« finden sich Aussagen, die der Autor der »Wolke« ebenso geschrieben haben könnte.

Die Aufarbeitung der Quellen, aus denen der Autor schöpfte, und die handschriftliche Überlieferung führten inzwischen in der Forschung zu einem Konsens: Der anonyme Autor dürfte mit einer an Sicherheit grenzenden Wahrscheinlichkeit ein Kartäusermönch

Ordinis Carthusiani Monachus.

aus der Kartause Beauval in Yorkshire gewesen sein. Er war ein im geistlichen Leben erfahrener Priester, der von verschiedenen Menschen schriftlich um geistliche Begleitung gebeten wurde. Für junge Ordensmitglieder, aber auch für einen größeren Kreis von Lesern geistlicher Literatur verfasste er mit der »Wolke des Nichtwissens« ein Werk, das selbst den höchsten Ansprüchen genügte.

Das folgende Bild mit der Unterschrift *Ordinis Carthusiani Monachus* zeigt einen Kartäusermönch aus der Zeit unseres Autors. Diesen Kupferstich schuf der böhmische Kupferstecher Wenceslaus Hollar (1607–1677), der den größten Teil seines Lebens in England verbrachte.

Die literarische Quelle der »Wolke«

Die »Wolke des Nichtwissens« ist ein Zeugnis bester christlicher Tradition, die sich in der mystischen Erfahrung des Apostels Paulus gründet.

Für alle, die das Ruhegebet beten oder sich mit dem Hesychastischen Gebet – wie es auch genannt wird – und den Wüstenvätern beschäftigt haben, ist sofort zu erkennen, dass der »Wolke des Nichtwissens« die Weisungen zum Gebet von Johannes Cassian (360–435) zugrunde liegen. An erster Stelle steht die völlige Loslösung des Menschen von allen beengenden und bedrängenden Bindungen und die unbedingte Hingabe an Gott. Diese Gebetsweise verlangt, alles begriffliche Denken aufzugeben.

Der Autor der »Wolke« empfiehlt genau wie Johannes Cassian, ein zu wiederholendes heiliges Wort anzuwenden, damit das gedankenfreie Beten erreicht werden kann. Über diese Gebetstradition hinaus wird der Schüler in der »Wolke des Nichtwissens« angewiesen, über das Alltagsbewusstsein – mit all seinen Wünschen, Gedanken, Wahrnehmungen, Vorstellungen und Gefühlen – eine »Wolke des Vergessens« zu breiten. Dieses Aufgeben all dessen, was den Betenden eher äußerlich ausmacht, geschieht durch die Wiederholung eines heiligen Wortes in Verbindung mit einem Impuls der Liebe, der vom Betenden ausgeht und zu Gott aufsteigt.

Diese Liebe ist ein Gnadengeschenk, das dem Betenden unverdient zufließt und es möglich macht, die »Wolke des Vergessens« auszubreiten. Das Ziel der menschlichen Seele ist es, hier Gott zu begegnen und einmal mit ihm vereint zu werden. In der »Wolke des Nichtwissens« über mir – zwischen Gott und mir – und der »Wolke des Vergessens« unter mir – zwischen mir und allem Geschaffenen – befinde ich mich im mystischen Schweigen.

Der Text steht ganz in der geistlichen Tradition des Christentums, dessen geistliche Mitte Jesus Christus ist. Die Mystik der »Wolke des Nichtwissens« basiert damit ausschließlich auf dem Fundament christlichen Glaubens und hat die Liebeshingabe der Seele an Gott zum Inhalt. Die Argumentationsweise des Autors der »Wolke« zeigt sehr deutlich, dass er über eine große theologische Bildung verfügt haben muss. Weitere Quellen, die er außer den Werken von Johannes Cassian benutzte, sind theologische Gedanken und Weisungen von Augustinus, Dionysius Areopagita, Richard von St. Victor, Bernhard von Clairvaux und Thomas von Aquin.

Eine wichtige Rolle spielten für den Autor der »Wolke des Nichtwissens« die Werke der Kirchenväter und unter ihnen ganz besonders die des Gregor des Großen. Der Mensch, der eine Gottesbegegnung ersehnt, wird ermutigt, im Verzicht auf seine eigene Erkenntnisfähigkeit in der undurchdringlichen Dunkelheit, das heißt in der »Wolke des Nichtwissens«, auf das Licht der göttlichen Gegenwart zu hoffen. Das Bild von der »Wolke des Nichtwissens« hat seinen biblischen Ursprung in der Begegnung des Mose mit Gott in der Wolke auf dem Berg Sinai. Gregor der Große war der Erste, der das Bild der dunklen Wolke, die den Gipfel des Berges Sinai umhüllte, aufgriff und literarisch verarbeitete. Die dunkle Wolke ist für ihn Sinnbild für die Unvollkommenheit und Gebrechlichkeit des zur Sünde neigenden Menschen. Durch diese Wolke wird der Mensch daran gehindert, Gott zu schauen.

Das Bild der Wolke auf dem Berg Sinai

Der Titel der Schrift zeigt das zentrale Anliegen des Autors, indem er einerseits an die biblisch bezeugte Gegenwart Gottes in der Wolke über dem Sinai erinnert und sich andererseits auf die völlige gefühlsmäßige und gedankliche Loslösung des Menschen von seinem Alltagsbewusstsein bezieht.

Dann stieg Mose auf den Berg und die Wolke bedeckte den Berg. Die Herrlichkeit des Herrn nahm Wohnung auf dem Berg Sinai und die Wolke bedeckte den Berg sechs Tage lang. Am siebten Tag rief er mitten aus der Wolke Mose herbei. Mose ging mitten in die Wolke hinein (Exodus 24,15–16.18a).

Nach der Gottesbegegnung verlässt Mose verändert den Gipfel des Berges; er steigt hinunter in die Alltagsebene zu den Seinen – erfüllt vom Wissen um den tiefen Sinn und die Ordnung des Lebens. Dieses Bild der Wolke gibt dem Werk seinen Inhalt: die Begegnung und die Einigung des Menschen mit Gott, bei der der Mensch über den Erkenntnisbereich der begreifenden Vernunft hinauswächst. Hier kann er Gott jenseits aller Wahrnehmung wahrnehmen. Doch zunächst befindet sich eine »Wolke des Nichtwissens« zwischen Gott und dem Menschen. Sie hindert uns daran, Gott im Licht des Verstehens zu sehen, anstatt ihn in liebender Zuneigung zu erfahren. Obwohl wir diese »Wolke des Nichtwissens« nicht auflösen können, so hindert sie uns nicht an einer liebenden Vereinigung mit Gott bereits in diesem Leben.

Indem wir lesen, nachdenken und beten, können wir die Wolke nicht wirklich durchdringen. Doch ein hingebender Liebesimpuls in Form eines kurzen heiligen Wortes ist ein Schild, das die störenden Gedanken nicht mehr zulässt, und ein Speer, mit dem man in die »Wolke des Nichtwissens« eindringt. Nur durch die Liebe ist es möglich, das Dunkel der Wolke zu durchdringen und durch liebende Hingabe Gottes Gegenwart zu erfahren.

Eintreten in die »Wolke des Nichtwissens«

Der Inhalt des Buches »Wolke des Nichtwissens« aus dem England des 14. Jahrhunderts ist durch und durch praxisbezogen und gibt eine wunderbare und leichte Einübung in diese Gebetsweise. Sie wurde auf der Grundlage der Werke des Johannes Cassian (Ruhegebet) entwickelt und durch die Hinzufügung eines Liebesimpulses erweitert. Der Autor bittet den Leser, sich nach der ersten Lektüre des Buches in mehreren Schritten darüber klar zu werden, ob diese Weise des Betens für ihn in seiner augenblicklichen Lebenssituation infrage kommt. Wenn ja, sollte sich jetzt der Betende vom Autor der »Wolke« an die Hand nehmen lassen und dieses Gebet in kleinen Schritten durch nochmalige intensive Lektüre erlernen.

Wahrscheinlich werden sich jetzt andere und tiefere Zusammenhänge offenbaren, die es einfach machen, den notwendigen Schritten zu folgen. Ein erster Teil wird der »Wolke des Vergessens« gewidmet, in dem man lernt, die Wahrnehmungen, Gedanken und Gefühle hinter sich zulassen, um den Raum des Schweigens zu betreten. Immer wieder betont der Autor, dass der Aufstieg auf den Berg und das Eintreten in die Dunkelheit der Wolke ein reines Gnadengeschenk Gottes an den Menschen ist und wir durch unser Wollen und unsere Leistung hier nichts erreichen können.

Die Übung, in die »Wolke des Nichtwissens« einzutreten, wird für den Betenden zur Nachfolge Christi, der auf dem Kreuzweg seiner Kleider beraubt und in das Kreuzesdunkel eintreten musste. Hier erlebte der Herr bereits die Auferstehung von den Toten und für immer das ewige Leben. Der überall und ewig seiende kosmische Christus ist die Mitte und das Ziel dieser hier beschriebenen Gebetsweise. Der Betende vollzieht diese einzelnen Schritte, ohne sie sich im Einzelnen vorzustellen: Er entkleidet sich seiner Gedanken und tritt – geführt durch einen Impuls der Liebe – in das Gebetsdunkel ein, indem er die »Wolke des Nichtwissens« durchstößt. Wenn der Herr den Betenden durch seine Gnade unterstützt, so erfahren die menschlichen Sinne dieses Dunkel als »Nichts«, die Seele dagegen erfährt es als »Alles«.

Wolfgang Riehle (1937–2015), ein Fachmann mittelalterlicher geistlicher und mystischer Literatur, schreibt: »Eine besondere geistige Verwandtschaft besteht schließlich auch zwischen der Wolke und der Mystik des Johannes vom Kreuz, bei dem das Thema der dunklen Seelennacht seine stärkste sprachliche Gestaltung erfahren hat.«

Wie Mose immer wieder vom Gipfel der Gotteserfahrung neu und tief beschenkt in das Tal zu den Seinen herabsteigen musste, so müssen auch wir neben unserem Beten in der vom Autor der »Wolke« beschriebenen Weise den Alltag bestehen. Dies wird uns erfolgreich und gut gelingen, wenn wir immer wieder durch die »Wolke des Vergessens« in die »Wolke des Nichtwissens« eintauchen und reich beschenkt in unsere Alltagswirklichkeit zurückkehren.

Wolke des Nichtwissens

Mein Herr und mein Gott, du vermagst in jedes Herz zu schauen und du erkennst das Wollen der Menschen. Kein Geheimnis ist dir verborgen. Ich gebe mich dir ganz hin und bitte dich: Befreie mein Herz durch deine Gnade von allem Unrat, damit ich dich lieben und würdig zu loben vermag.

Prolog

Im Namen des Vaters und des Sohnes und des Heiligen Geistes.

Du hältst dieses Buch von der »Wolke des Nichtwissens« in deinen Händen. Du weißt selbst am besten, wie du zu diesem Buch gekommen bist, oder besser gesagt, wie es dich gefunden hat. Gehe mit ihm sorgsam um und baue mit ihm eine innere Verbindung auf, die vorerst nur zwischen euch beiden bestehen soll. Lese niemandem aus diesem Buch vor oder erzähle keinem etwas von seinem Inhalt. Wenn du jedoch spürst, dass ein anderer mit ganzem Herzen und ungeteilter Hingabe Jesus Christus sowohl im aktiven Leben als auch im Gebet nachfolgen möchte, so gewähre ihm Zugang zur »Wolke des Nichtwissens«. Sei also zurückhaltend in der Weitergabe dieser Literatur und behalte Kostbares erst einmal so lange für dich, bis du danach gefragt wirst oder siehst, wie ernsthaft jemand auf der Suche ist. Andernfalls würde ihm dieses Buch keinen Nutzen bringen.

Lege demjenigen, der sich mit der »Wolke des Nichtwissens« beschäftigen möchte, um einen konkreten geistlichen Weg zu gehen, ans Herz, das Buch nicht nur vom Anfang bis zum Ende zu lesen, sondern Gelesenes auch in sich dauerhaft aufzunehmen. Die Inhalte der einzelnen Kapitel sind miteinander verknüpft, sodass jedes Kapitel auf das vorige aufbaut und keines für sich allein stehen kann. Wenn man einen Gedankengang durch Müdigkeit oder gar Oberflächlichkeit nur teilweise aufnimmt, geht einem Wesentliches verloren und es kann leicht zu Missverständnissen führen. Auch bloße Neugier reicht nicht aus, die geistliche Wegführung, die dieses Buch vermittelt, fruchtbringend in sich aufzunehmen. Schütze die »Wolke des Nichtwissens« davor, in die Hände der Menschen zu geraten, die nichts damit anzufangen wissen und fahrlässig mit seinem Inhalt umgehen. Die Zeit, sich mit einem mystischen Thema zu beschäftigen, muss gekommen und reif sein.

Für viele Menschen, die sich wahrhaft auf der Suche nach einem geistlichen Weg befinden, kann dieses Buch zusammen mit der Gnade Gottes zu einem Himmelsschlüssel werden, den sie fest in ihren Händen halten und nicht mehr loslassen.

Wenn du spürst, dass du auf diesen Gebetsweg gerufen wirst, und tiefe Freude dich erfüllt, wenn du ihn gehst, solltest du auch weiterhin folgen und Gott aus ganzem Herzen danken. Mit seiner Gnade wirst du

dich auf dem Lebens- und Gebetsweg wahrhaft bewähren, den du gewählt hast. Bei hinterlistigen Angriffen deiner leiblichen und geistigen Feinde wirst du nicht unterliegen, sondern deinen geistlichen Weg unbeirrt weitergehen und durch die Führung Jesu Christi Fortschritte machen.

1. Kapitel

Vier Stufen christlichen Lebens

Lieber Christ, der du mit Gott verbunden bist, wisse, dass es vier Stufen christlichen Lebens gibt:
- die Stufe des normalen oder gewöhnlichen christlichen Lebens
- die Stufe des speziellen oder besonderen christlichen Lebens
- die Stufe des erwählten oder außergewöhnlichen christlichen Lebens
- die Stufe des vollkommenen christlichen Lebens

Die drei ersten Stufen können in diesem Leben begonnen und auch zu Ende geführt werden. Mit der vierten Stufe kann man zwar in diesem Leben beginnen und durch die Unterstützung von Gnade auch Fortschritte machen, doch sie wird niemals in dieser Welt zu einem Abschluss kommen, sondern erst ihre Vollendung in der Seligkeit des Himmels finden. Dies bedeutet jedoch nicht, dass wir eine Stufe nach der anderen angehen, sondern durch das Gehen unseres geistlichen Lebens können alle vier Stufen große Bereicherung erfahren. »Die Sehnsucht Gottes ist der Mensch«, sagt Augustinus. Und durch den Evangelisten Johannes erfahren wir von Jesus Christus das Wort: *Und ich, wenn ich über die Erde erhöht bin, werde alle zu mir ziehen* (Johannes 12,32).

Lernen wir im Gebet die Hingabe an Jesus Christus, wird er uns durch diese vier Stufen begleiten, die uns aufrichten und erfüllen. Er hat uns alle gerufen, doch fragt es sich, ob wir auch seinen Ruf hören und ihm folgen! Aller Wahrscheinlichkeit nach hast du zunächst ein ganz normales christliches Leben geführt – in der Familie und zusammen mit deinen weltlichen Freunden. Der Herr will es jedoch nicht zulassen, dass du auf deinem bisherigen Stand stehen bleibst und damit so weit von ihm entfernt bist. Der Herr hat dich in seiner unendlichen Liebe aus dem Nichts erschaffen und dich durch sein kostbares Blut erneuert, als du durch den Fall Adams nicht ohne Sünde warst.

Der Herr selbst entfachte in dir die Sehnsucht nach ihm und rief dich in eine besondere Lebensweise. *Mit menschlichen Fesseln zog ich sie, mit Banden der Liebe. Ich war da für sie wie die, die den Säugling an ihre Wangen heben. Ich neigte mich ihm zu und gab ihm zu essen* (Hosea 11,4).

Der Herr möchte dich lehren, wie du in besonderer Weise und geistlicher als bisher dein Leben gestalten kannst. Aber dies ist noch nicht alles. Da es reine Liebe ist, die sein Herz für dich hegt, wirst du unweigerlich merken, wie er dich allmählich auf eine höhere Stufe hebt. Du darfst sicher sein: Er hat dich erwählt, damit du die verlorene Einheit mit Gott wiedergewinnst. Dies bedeutet die höchste Stufe von allen, die die vollkommenste ist.

2. Kapitel

Sei demütig und dankbar und tue den ersten Schritt

Aus uns selbst heraus können wir nur sehr wenig tun, das uns gelingt und dem Willen Gottes entspricht. Als Menschen sind wir Unerlöste und angewiesen auf die Zuwendung des Herrn. Womit hast du es verdient, von ihm in dieser liebevollen Weise berufen zu werden? Bestimmt nicht durch eigenes Wollen oder eigene Leistung. Wer vom Klang dieses göttlichen Rufes nicht wach wird, muss ein schwerfälliges und schläfriges Herz haben. Wer die leise Sprache Gottes nicht wahrnimmt, muss auf einer sehr groben Ebene zu Hause sein.

Schätze deine Berufung zu einem geistlichen Leben wert und hüte dich davor, deinem Feind in die Hände zu fallen. Bilde dir nicht ein, besser zu sein als andere. Nimm die dir zufließende Gnade in aller Bescheidenheit und Demut an, ebenso den Rat deines geistlichen Begleiters und tue alles, um deiner Berufung gemäß zu leben. *Der König der Könige und der Herr der Herren* (Offenbarung 19,16) ließ sich so tief zu dir herab und wählte dich in seinem großen Erbarmen aus, damit du zu seinen engsten Freunden wirst.

- »Der Herr ist dein Hirt, nichts wird dir fehlen. Er lässt dich lagern auf grünen Auen und führt dich zum Ruheplatz am Wasser. Deine Lebenskraft bringt er zurück. Er führt dich auf Pfaden der Gerechtigkeit, getreu seinem Namen« (vgl. Psalm 23,1–3).

- *Ich, ich selber werde meine Schafe weiden und ich, ich selber werde sie ruhen lassen – Spruch Gottes, des Herrn* (Ezechiel 34,15).

Gehe den dir von Gott gewiesenen Weg unbeirrt weiter. Schaue nach vorn und lass alles los, was hinter dir liegt. *Ich vergesse, was hinter mir liegt, und strecke mich nach dem aus, was vor mir ist* (Philipperbrief 3,13b). Um demütig zu werden und es zu bleiben und um Selbsterkenntnis zu gewinnen, achte auf das, was dir noch fehlt, und nicht auf das, was du bereits erreicht hast. Wenn du auf deinem geistlichen Weg Fortschritte machen möchtest, lass die Sehnsucht zu, die in dir aufsteigen möchte, und lass dich von ihr dein ganzes Leben leiten. Steht nicht hinter allem die Stufe der Vollkommenheit, die du erreichen möchtest? Bitte den Herrn, in dir das Feuer seiner Liebe zu entfalten, damit sie dich ganz durchdringt – besonders die durch deinen Willen gesteuerten Worte und Handlungen. Der Herr möchte allein mit dir sein. Auf dieser hohen Stufe der Liebe darfst du nichts und niemanden neben dir haben, denn nur dann wird er in deinem Willen wirken.

Der Herr möchte, dass du auf deinem geistlichen Weg nur auf ihn schaust und nichts weiter tust, als ihn gewähren zu lassen. Damit dir das gelingt, schließe die Fenster deiner Sinne und deiner Innerlichkeit, um nichts Schädliches und Störendes in dich eindringen zu lassen. Wenn du den ersten Schritt in diese Richtung tust, wird dir der Herr bei den weiteren Schritten behilflich sein. Bedenke: Die Voraussetzung für alles besteht darin, im Gebet sich an ihn zu wenden, indem du seinen heiligsten Namen anrufst. Gott ist jederzeit bereit und wartet auf dich. Deine Frage ist durchaus berechtigt, wie du vorgehen sollst und worin dein erster Schritt besteht.

3. Kapitel

Hingabe üben und in ihr versinken

Erhebe dein Herz voll Vertrauen und Liebe zu Gott. Bitte ihn um nichts Konkretes und auch um keine seiner göttlichen Eigenschaften. Fülle dein Denken nicht mit weltlichen Inhalten, sondern lass es zu, dass der Herr deine Innerlichkeit mit sich selbst erfüllt. Nimm nichts außer ihn in deinen Blick und in dein Herz. Nichts darf in dir wirken – vor allem nicht in deinem Verstand und in deinem Denken – als der Herr allein. Da du im Gebet seinem heiligsten Namen in dir Raum und gleichzeitig immer wieder den Vorrang gibst, ist es dir möglich, in dieser Hingabe alles von Gott Geschaffene, alle Wesen und was zu ihnen gehört, zu »vergessen«. Gehe mit deiner Aufmerksamkeit, das heißt, mit deinem Denken und Wollen weder allgemein noch im Besonderen auf irgendetwas ein. Löse dich von allem, lass alles in Ruhe und schenke niemandem, außer dem Herrn, deine Beachtung.

Durch dein Nicht-Denken und Nicht-Handeln während der Zeit deines Gebetes, das Gott in ganz besonderer Weise gefällt, kann er tief in deinem Inneren angemessen handeln. Nicht nur der Herr selbst empfindet Freude über dieses Geschehen, sondern auch alle Engel und Heilige bemühen sich nach Kräften, es zu unterstützen. Die widergöttlichen Kräfte jedoch versuchen alles, damit es dir nicht gelingt, dich wieder mit Gott zu verbinden und seine Nähe zu spüren. Die bösen Feinde beginnen zu toben, wenn du zu einem Empfangenen wirst und Gottes Gnade und seine Gaben dir zuströmen.

Diese einfache Gebetsweise, die göttliche, heilende Ruhe vermittelt, kann allen Menschen auf der Erde zu einer wunderbaren Hilfe werden – selbst wenn wir nicht wissen, auf welche Weise dies geschieht. Wenn du regelmäßig diese Hingabe vollziehst und immer tiefer in ihr versinkst, werden sogar die Seelen, die sich noch am Ort der Reinigung befinden, eine wesentliche Erleichterung spüren. Aber auch du selbst wirst durch kein anderes Tun – oder besser gesagt: Nichttun – so sehr gereinigt und geläutert, wie durch diese Weise zu beten. Von allen geistlichen Übungen ist dieses Gebet am leichtesten zu vollbringen – vorausgesetzt, deine Seele empfängt durch Gnade ein spürbares Verlangen nach Gott. Ohne diese göttliche Unterstützung wird das Gebet keine Früchte bringen.

Solltest du dieses Verlangen nicht spüren, so gib nicht auf, sondern bleibe beharrlich auf diesem geistlichen Weg. Von Mühe zu sprechen, wäre zu viel verlangt. Da trifft das Wort »Beharrlichkeit« eher zu. Am Beginn deines Übens wie auch immer wieder zwischendurch kann es sein, dass du nichts als Dunkelheit empfindest, sozusagen eine »Wolke des Nichtwissens«, eine Wolke, in der nichts zu erkennen ist. Von hier aus richte dich immer wieder auf Gott aus – das ist alles.

Du magst dich noch so bemühen, etwas wahrzunehmen. Es wird dir nicht gelingen, denn es gibt eine Dunkelheit und eine Wolke zwischen dir und deinem Gott. Die Dunkelheit und die Wolke hindern dich daran, ihn im Licht deiner Verstandeskraft zu erkennen und ihn als Ausdruck der Liebe in deinem Herzen zu spüren. Lass die Dunkelheit zu und verweile in ihr, indem du unaufhörlich den Herrn anrufst, nach dem du dich liebend sehnst.

- *Des Nachts auf meinem Lager suchte ich ihn, den meine Seele liebt. Ich suchte ihn und fand ihn nicht* (Hohelied 3,1).
- *Ich öffnete meinem Geliebten: Doch mein Geliebter war weg, verschwunden. Meine Seele war außer sich, als er zu mir sprach. Ich suchte ihn und fand ihn nicht. Ich rief ihn und er antwortete mir nicht* (Hohelied 5,6).

Der Herr wird dir auf seine Weise antworten, die eine völlig andere sein wird, als du erwartest. Wenn du ihn »schauen« wirst und etwas von seiner Gottheit erfährst, so kann dies nur in jener Wolke und Dunkelheit geschehen. Rufst du ihn immer wieder und beharrlich an, wird er sich dir in seiner Güte offenbaren. Dieses geistige »Schauen« wird ohne irgendeinen Gedanken und ohne eine Vorstellung geschehen. Indem du liebend auf Gott ausgerichtet und ganz im Augenblick präsent bist – Gott ist es immer –, spürst du ein Einssein mit ihm.

4. Kapitel

Das Wesen der Zeit und die Ausschaltung der Gedanken

Zur empfohlenen geistlichen Übung muss Kenntnis hinzukommen, damit du sie auch richtig anwenden kannst und sicher gehst.

Dieses Gebet erfordert keinen Aufwand und sollte nicht lange dauern. Zudem ist es das kürzeste Gebet, das man sich denken kann. Die innere Hinwendung zu Gott vollzieht sich in einem Bruchteil einer Sekunde. Von diesem kurzen Moment heißt es in der Heiligen Schrift: *Über jedes unnütze Wort, das die Menschen reden, werden sie am Tag des Gerichts Rechenschaft ablegen müssen* (Matthäus 12,36). Jeden kleinsten Augenblick – also von Gegenwart zu Gegenwart – hast du zu verantworten. Es ist genau die Zeit, in der sich dein Wille, die Hauptkraft deiner Seele, mit einem einzigen Impuls Gott zuwenden kann. Da du nicht im Urzustand lebst – in der ständigen Anschauung Gottes –, solltest du, besonders im Gebet, immer wieder durch einen kleinen Willensimpuls zu Gott zurückkehren, wenn du spürst, dass du nicht bei ihm bist. Nutze die dir geschenkte Zeit.

Würdest du jedoch durch Gnade rückversetzt in den ursprünglichen Stand deiner Seele, wie er vor dem Sündenfall war, dann wärst du in jedem Augenblick Herr über all deine Willensimpulse. Du würdest keine Zeit mit dem vergeuden, was nicht Gott ist. Nicht die geringste Zeit ginge an dir ungenutzt vorbei.

All deine Lebensimpulse wären auf das höchste Ziel menschlichen Wollens gerichtet: Und das ist Gott.

Gott gleicht sich unserer Seele an, indem er es unserer Seele möglich macht, Gott zu erreichen. Ja, unsere Seele ist Gott angeglichen kraft der Würde unserer Erschaffung nach seinem Bild. *Dann sprach Gott: Lasset uns Menschen machen als unser Bild, uns ähnlich!* (Genesis 1,26a). Der Herr allein und nichts und niemand anderes kann den Hunger und das Verlangen unserer Seele stillen. Durch die umwandelnde Kraft der Gnade wird unsere Seele fähig, Gott zu begegnen und ihn in und aus Liebe ganz in uns aufzunehmen. Dies geschieht nicht durch Erkenntnis, wie sie die Engel und die Menschen besitzen. Für unsere Wahrnehmung und Erkenntnis ist und bleibt Gott unfassbar. Was für unser Erkenntnisvermögen unfassbar ist, ist jedoch für die Liebe fassbar.

Alle vernunftbegabten Wesen, Engel wie Menschen, besitzen zwei grundlegende Kräfte: die Kraft der Erkenntnis und die Kraft der Liebe. Für die erste Kraft, die der Erkenntnis, ist Gott als ihr Schöpfer grundsätzlich unfassbar. Für die zweite, die liebende Kraft eines Menschen, ist er für jeden einzelnen Menschen ganz und gar fassbar. Jede einzelne liebende Seele kann somit in sich selbst kraft ihrer Liebe Gott erfassen, der das Verlangen aller Menschen und aller Engel zu stillen vermag.

- *Aus seiner Fülle haben wir alle empfangen, Gnade über Gnade* (Johannes 1,16).
- *Denn in ihm* (Christus) *wohnt die ganze Fülle der Gottheit leibhaftig. Durch ihn seid auch ihr davon erfüllt* (Kolosserbrief 2,9–10a).

Dies ist das ewige und herrliche Wunder der Liebe. Der Herr wird es immer vollbringen und niemals aufhören, es zu vollbringen. Wer durch Gnade die Fähigkeit erhält, zu sehen, der sehe. Wer dieses Wunder der Liebe erfahren darf, der spürt endlose Seligkeit; wer aber diese Liebe verliert, ist endlosem Schmerz ausgesetzt.

Wer durch Gnade umgewandelt wird oder bereits umgewandelt ist, wird all seine Willensimpulse, ohne die wir nicht leben können, ständig auf Gott ausrichten. Durch die ihm zufließende Gnade wird er bereits in diesem Leben etwas von der ewigen Freude spüren, die er im zukünftigen Leben in Fülle erleben darf. Das Beste, das du tun kannst, besteht darin, diese Übung der Verbundenheit mit Gott immer wieder neu zu vollziehen. Den beglückenden Zustand der Gottverbundenheit lebte der Mensch, bevor er sich von Gott trennte. Der Mensch ist dazu erschaffen, in einem ständigen Gottesbewusstsein zu leben. Die gesamte Schöpfung soll ihn dabei unterstützen und fördern, seine Gottebenbildlichkeit wiederherzustellen.

Wenn wir keinen geistlichen Weg beschreiten, der uns zu unserem eigentlichen Zuhause führt, werden wir uns mehr und mehr von Gott entfernen und die Wahrscheinlichkeit zu sündigen wird immer größer. Wenn wir uns jedoch immer und immer wieder auf Gott ausrichten und dieses Werk an die erste Stelle unseres Lebens setzen, entfernen wir uns vom Bösen, so wachsen wir über die Sünde hinaus und nähern uns Gott.

Gehe sorgsam mit der Zeit um; verschwende sie nicht, denn nichts ist kostbarer als sie. In einem einzigen Augenblick, so kurz er auch ist, kann man den Himmel gewinnen oder verlieren. Da die Zeit so kostbar ist, verteilt Gott niemals zwei Augenblicke auf einmal, sondern einen nach dem anderen. Die Zeit ist für den Menschen geschaffen und nicht der Mensch für die Zeit. Gott, der Herr der Zeit, der uns Augenblick für Augenblick gewährt, will dem Impuls der menschlichen Seele nicht vorgreifen, denn ein solcher Willensimpuls ereignet sich jeweils in einem einzigen Augenblick. Daher kann der Mensch am Jüngsten Tag vor Gott keine Entschuldigung vorbringen, wenn er über seine Zeit Rechenschaft ablegen muss. Er kann nicht sagen: »Du gabst mir zwei Augenblicke auf einmal und ich hatte immer nur einen einzigen Willensimpuls.«

Du wirst jetzt nach tieferem Verstehen fragen und danach, was du tun kannst. »Wie soll ich über jeden einzelnen Augenblick Rechenschaft ablegen, wo ich doch bisher niemals Acht gegeben habe auf die Zeit? Wie kann ich denn die vergeudete Zeit wiedergutmachen? Aus Erfahrung weiß ich, dass ich aus hundert künftigen Augenblicken nicht einmal auf einen einzigen Acht geben kann.«

In der Liebe Jesu liegt deine Hilfe. Die Liebe ist eine Kraft, die alle Dinge miteinander vereint. Mache dich daher auf, Jesus zu lieben, und alles, was er hat, wird auch dein sein.

- Durch seine Gottheit ist Jesus Christus der Schöpfer und Geber der Zeit.
- Durch seine Menschheit ist er der wahre Hüter der Zeit.

- Durch beides, seine Gottheit und seine Menschheit, kann er von uns Rechenschaft über unsere Verwendung der Zeit verlangen.

Verbinde dich daher mit ihm durch das Band der Liebe, des Vertrauens und des Glaubens. Du wirst sowohl mit ihm als auch mit allen in Liebe verbunden sein, die zu ihm gehören: mit unserer Lieben Frau, der heiligen Gottesmutter Maria, die in der Fülle ihrer Gnade die geschenkte Zeit einzigartig nutzte, mit den Engeln im Himmel, die niemals Zeit vertun können, und mit allen Heiligen im Himmel und auf Erden, die durch die Gnade Jesu Christi in der Kraft ihrer Liebe die Zeit in rechter Weise verbringen. Wahrhafte Gemeinschaft mit Jesus Christus, mit seiner hoch geehrten Mutter und mit seinen Engeln und Heiligen ist nur möglich, wenn du – unterstützt durch seine Gnade – achtsam in Bezug auf die Zeit bist. Damit trägst du wesentlich zur Gemeinschaft bei.

Diese Gebetsweise, sich spontan auf Gott auszurichten, hat tief in deiner Seele eine unsagbare Wirkung. Achte deshalb darauf, sie regelmäßig auszuführen. In ihrem Wesen besteht diese Übung der Hingabe in einem sanften Willensimpuls, der wie ein Funke aus der Kohlenglut Gott entgegenspringt. Man würde über die Vielzahl der auf Gott gerichteten Impulse einer darin geübten Seele staunen, wenn man sie im Zeitraum von einer Stunde zählen würde. Auch nur eine einzige Hinwendung auf Gott genügt, um für die Zeit dieses Impulses alles Geschaffene vollkommen zu vergessen. Die Erfahrung jedoch zeigt, dass dieser geistliche Impuls nicht lange währt, sondern einem aufkommenden Gedanken oder einer Erinnerung Platz macht. Auch begangene oder noch nicht ausgeführte Taten melden sich. Dies geschieht infolge unserer noch unerlösten menschlichen Natur. Wir müssen es bedenkenlos hinnehmen und – ohne in den Gedanken oder die Vorstellung einzusteigen – einen neuen geistlichen Impuls auf Gott hin setzen.

Dies ist der Kern des Wirkens dieser so einfachen Gebetsweise, die weit entfernt ist von jeglicher gedanklichen Aktivität, von Fantasie- und Wunschvorstellungen, von Meinungen und Vorspiegelungen. Diese entstehen nicht durch einen so sanften und hingebungsvollen Liebesimpuls, ausgerichtet auf Gott, sondern durch unser arrogantes und neugieriges Denken, das trennen und spalten möchte – angetrieben durch eine übersteuerte Kraft unseres Ego. Ganz von selbst lassen wir durch den auf Gott ausgerichteten Liebesimpuls unseren suchenden und urteilenden Verstand zurück, indem wir einfach dem göttlichen Wort den Vorrang geben. Wenn wir uns dann jedoch wieder in Gedanken befinden, steigen wir nicht weiter in sie ein, sondern geben dem Gebetswort den Vorrang. Nur durch diese Weise der Hingabe kann sich die Reinheit des Geistes und des Herzens in uns vollziehen.

Viele Menschen hören von diesem geistlichen Weg und sind, ohne näher hinzuschauen, der Meinung, dass das Ziel nur durch eigene Geistesanstrengung zu erreichen ist. Dies ist jedoch eine große Täuschung. Es führt zu nichts, wenn man sich hinsetzt und darüber nachdenkt oder gar grübelt, um dem Wesen und der Praxis dieser Gebetsweise auf die Spur zu kommen. Durch Anstrengung unseres Verstandes und unserer Vorstellungskraft verbauen wir uns eher den Weg, als dass er sich uns öffnet. Jegliche geistig-geistliche Anstrengung ist hier fehl am Platz und führt zu Missverständnissen, die gefährliche und bedrohliche Auswirkungen haben können. In seiner großen Güte und Barmherzigkeit möge uns der Herr vor Irrwegen bewahren. Derjenige, der an der Praxis der »Wolke des Nichtwissens« interessiert ist, sollte sich unbedingt an jemanden wenden, der in dieser Übung reiche Erfahrung hat.

Dem Widersacher gefällt es nicht, wenn wir einen so einfachen und trotzdem so wirkungsvollen Weg beschreiten, der uns sofort und unweigerlich zu Gott führt. Wenn wir nicht aufpassen und unser Ego nicht zurücknehmen, erleiden wir geistlichen Schaden durch teuflischen Betrug. Sei daher um der Liebe Gottes willen vorsichtig und achtsam. Strenge auf keinen Fall – wenn du in die »Wolke des Nichtwissens« einsteigst – deinen Verstand und deine Vorstellungskraft an. Lass es dir der Wichtigkeit halber noch einmal konkret sagen: Du kannst nicht eintauchen, wenn du deinen Verstand und deine Vorstellung aktivierst und dich dabei sogar noch anstrengst. Lass beides ruhen und richte dich dafür durch einen leisen Impuls auf den Herrn aus.

Wenn von einer »Dunkelheit« oder einer »Wolke« die Rede ist, so ist damit keine Wolke gemeint, die aus Dunst besteht und am Himmel schwebt oder eine

Dunkelheit, wie sie zur Nachtzeit herrscht. Eine solche Dunkelheit oder Wolke kannst du dir gedanklich selbst an einem hellen Sommertag innerlich vorstellen. Genauso kannst du dir in einer dunklen Winternacht ein helles, leuchtendes Licht vorstellen. In diesem Sinn sind die Wörter »Dunkelheit« oder »Wolke« nicht gemeint. Mit »Dunkelheit« ist die Abwesenheit vom Erkennen gemeint. So erscheint dir alles, was du nicht weißt, vergessen hast oder nicht begreifst, als dunkel, weil du es nicht mit deinem geistigen Auge siehst. Daher wird auch die »Wolke« nicht als eine Wolke der Luft genannt, wie sie am Himmel steht, sondern als eine »Wolke des Nichtwissens«, die sich zwischen dir und deinem Gott befindet.

5. Kapitel

Alles Geschaffene muss unter der »Wolke des Vergessens« verschwinden

Möchtest du also in die »Wolke des Nichtwissens« eintreten und darin bleiben, so ist eine »Wolke des Vergessens« Voraussetzung, die der Wolke vergleichbar ist, die sich über dir und zwischen dir und deinem Gott ausbreitet: die »Wolke des Nichtwissens«. Du denkst vielleicht, dass du von Gott weit entfernt bist, weil die »Wolke des Nichtwissens« sich zwischen dir und ihm befindet. In Wahrheit bist du aber viel weiter von Gott entfernt, wenn es keine »Wolke des Vergessens« zwischen dir und allen Kreaturen gibt, die je von Gott geschaffen wurden. Mit den geschaffenen Wesen sind nicht nur alle Geschöpfe gemeint, sondern auch all ihr Tun und ihre Wesensmerkmale. Befasse dich während des Betens mit keinem einzigen Geschöpf – weder körperlicher noch geistiger Art. Kümmere dich auch nicht um ihr Wesen und Wirken, sei es nun gut oder böse. Wenn du in die »Wolke des Nichtwissens« eintreten möchtest, muss alles Geschaffene, sein Wesen und Wirken, durch die »Wolke des Vergessens« zurücktreten.

Im aktiven Leben und bei bestimmten Gelegenheiten ist es nicht nur vorteilhaft, sondern auch selbstverständlich notwendig, an gewisse Verhaltensweisen von bestimmten Geschöpfen zu denken und sich mit ihnen zu beschäftigen. Bei unserer Gebetsweise jedoch, der Praxis der »Wolke des Nichtwissens«, sollst du dich weder mit etwas beschäftigen noch an etwas denken. Es hindert dich nur daran, in die Wolke hineinzugehen. Erinnerst du dich oder denkst du auf diesem Weg an irgendein von Gott geschaffenes Wesen, an sein Tun oder Wirken, so ist es eine Art geistiges Licht, das du in Gang setzt. Das Auge deiner Seele blickt dann darauf und ist fixiert wie das Auge eines Schützen auf die Zielscheibe, auf die er schießt. Eines musst du unbedingt wissen und beachten: Alles, woran du denkst, steht – solange du bewusst denkst – zwischen dir und deinem Gott. Je mehr du anderes im Sinn hast außer Gott, umso weiter bist du von ihm entfernt.

Eigentlich müsste man sagen: Dieses Werk – gemeint ist die Gebetsweise der »Wolke des Nichtwissens« – wird weder gefördert noch unterstützt, wenn wir an Gottes Güte und Erhabenheit denken, an Unsere Liebe Frau oder an die Engel und Heiligen im Himmel, auch nicht an die Freude des Himmels. Es nützt uns nichts, unsere Aufmerksamkeit auf sie zu richten in der Absicht, dadurch besser und schneller ans Ziel zu kommen. »Die Wolke des Nichtwissens« lässt kein bewusstes Denken zu. Selbstverständlich ist es gut und richtig, über Gottes Güte nachzudenken und Betrachtungen anzustellen, um ihn zu loben und vor allem mehr zu lieben. Hier jedoch genügt der kleinste Liebesimpuls, um unsere Seele auf Gott auszurichten. Alles andere geschieht ganz von selbst, ohne dass wir uns einmischen.

6. Kapitel

Die »Wolke des Vergessens« geht der »Wolke des Nichtwissens« voraus

Man kann alle Geschöpfe und auch all das, was sie tun – ja, sogar die Werke Gottes selbst – durch uns zuströmende Gnade erkennen. Dabei machen wir die Erfahrung, dass wir uns in Gedanken mit ihnen beschäftigen. Gott selbst jedoch kann durch keinen Menschen gedanklich erfasst werden. Wenn du in die »Wolke des Nichtwissens« eintrittst, wirst du alles Erkennen hinter dir lassen und deine Liebe in einem sanften Impuls auf den richten, der nicht gedacht werden kann. Denn Gott kann geliebt, aber nicht gedacht werden. Von der Liebe jedoch lässt er sich fassen und begreifen, nicht vom Intellekt.

Es ist nicht nur gut, sondern auch empfehlenswert, über die Güte und Erhabenheit Gottes nachzudenken – allein schon wegen der Erkenntnisse, die die Betrachtungen solcher Art mit sich bringen, denn sie stellen eine besondere Weise des Betens dar. Bei dieser Weise des Betens jedoch, in die wir hier eintreten, muss jegliche gedankliche Vorgehensweise aufgegeben und zurückgelassen werden. Der »Wolke des Nichtwissens« geht die »Wolke des Vergessens« voraus. In sie musst du zunächst einsteigen, indem du alles zurücklässt, was nicht Gott ist, um dann mit einer innigen und zarten Regung der Liebe das Dunkel vor und über dir zu durchdringen. Die sich nach Gott sehnende Liebe in dir lässt dich immer tiefer in die dichte »Wolke des Nichtwissens« eintreten. Dies ist der Weg, sich Gott zu nähern, mag da kommen, was da will.

7. Kapitel

Von selbst aufsteigende Gedanken und das »Wort«

Wenn du dich auf dem Weg in die »Wolke des Nichtwissens« befindest, wirst du erleben, dass immer wieder Gedanken aufkommen, die sich zwischen dich und das Dunkel der Wolke drängen. Wenn sich zum Beispiel dir die Frage stellt: »Was suchst du und was ist deine Absicht?«, dann antworte nur ganz kurz: »Ich suche allein Gott und nichts anderes als ihn.« Und wenn dich der Gedanke fragt, wer dieser Gott sei, so sage ihm: »Es ist der, der mich geschaffen, erlöst und in seinem Erbarmen zu einem Leben der Liebe erwählt hat.« Sage diesem fragenden Gedanken, dass er nichts von Gott versteht und verschwinden soll. Halte dich nicht länger mit deinen Gedanken auf, sondern kehre so schnell wie möglich zu deinem auf Gott gerichteten Liebesimpuls zurück. Damit verabschiedest du dich von deinen Gedanken und trittst in die »Wolke des Vergessens« ein. Lass dich nicht von deinen Gedanken festhalten – ganz gleich, welcher Natur sie sind, selbst wenn du den Eindruck hast, sie wollen dir helfen, Gott zu finden.

An sich sind die Gedanken gut, wenn sie dich auf vielfache Weise an Gottes unfassbare Güte erinnern und dir sagen, wie liebevoll und verzeihend der Herr ist. *Denn er ist gnädig und barmherzig, langmütig und reich an Huld und es reut ihn das Unheil* (Joël 2,13b). Lass es auch zu, wenn deine Gedanken dich an die Schattenseiten deines Lebens erinnern und letztlich an das Leiden Jesu Christi. Achte jedoch darauf, dich nicht in deinen Gedanken zu verlieren. In die geistliche Gebetsübung der »Wolke des Nichtwissens« gehören diese Gedanken nicht hinein. Wenn du hier deinen Gedanken Gehör schenkst und auf sie eingehst, entfalten sie sich mehr und mehr und trennen dich von Gott.

Richtig und gut gelenkte Gedanken waren und sind für uns wichtig, wenn wir einen geistlichen Weg beschreiten möchten. Sie drücken sich am vornehmsten in Betrachtungen aus: Betrachtungen über das eigene Leben, seine Qualitäten und Schwächen, Betrachtungen über das Leben, die Lehre, den Tod und die Auferstehung Jesu Christi und über die große Güte und Erhabenheit Gottes. Betrachtungen dieser Art sind die Grundvoraussetzungen für den weiteren geistlichen Weg. Wenn du sie kontinuierlich geübt hast, wird irgendwann auch einmal die Zeit kommen, wo du sie hinter dir lassen darfst, um in die »Wolke des Vergessens« einzutreten. Dieser Schritt ist wiederum die Voraussetzung, um die »Wolke des Nichtwissens« zu durchdringen, die noch zwischen uns und unserem Gott liegt.

Du kannst jetzt immer wieder neu damit beginnen, in die »Wolke des Nichtwissens« einzutreten, indem du dein Herz mit einer zarten Regung der Liebe auf Gott richtest. Wenn du ihn allein in den Blick und in dein Herz nimmst – ihn, der dich erschaffen und erlöst hat und dich in die Wolke ruft –, wird er dich mit seiner liebenden Gegenwart erfüllen. Lass keine Gedanken in dich ein, auch nicht die oben erwähnten zur

Betrachtung. Du folgst deiner Sehnsucht nach Gott, die in ihrem Grund einzig und allein auf Gott ausgerichtet ist. Lass kein anderes Motiv zu als Gott selbst. Nichttun wird zur Hingabe, die es dir erlaubt, die Wolke zu durchdringen, das heißt: Du näherst dich Gott.

Es ist empfehlenswert, dein Verlangen nach Gott in ein Wort zu kleiden, um deine Sehnsucht lebendig und gegenwärtig halten zu können. Wähle ein kurzes Wort, denn je kürzer es ist, umso besser passt es zu diesem geistlichen Vollzug. Ein solches Wort ist das Wort »Gott« oder das Wort »Liebe«. Du kannst auch ein anderes Wort wählen – ganz nach deinem Belieben. Durch seine Wiederholung wirst du dieses Wort tief in dein Herz aufnehmen, sodass es dort bleibt, was auch immer geschehen mag. Das Wort vermag es, alles Böse von dir fernzuhalten und den Frieden in dir zu bewahren. Mit diesem Wort ist es dir möglich, tiefer in die Wolke einzudringen und damit Gott näherzukommen. Mit Hilfe dieses Wortes kannst du alle Arten von Gedanken und Vorstellungen unter die »Wolke des Vergessens« bringen.

Sollte dich ein Gedanke mit der Frage bedrängen, was dein Tun für einen Sinn hat, so antworte ihm nicht mit vielen Worten, sondern nur mit dem einen, das du für dein Gebet gewählt hast. Wenn der Gedanke dir anbietet, das Wort in seiner großen theologischen Gelehrsamkeit auszulegen, sag ihm, du möchtest es lieber als Ganzes behalten und nicht zerlegt oder erklärt. Wenn du dieses Ziel vor Augen hast, darfst du sicher sein, dass der Gedanke, der spalten möchte, dich verlässt. Er weicht von dir, weil du ihm nicht erlaubst, an deinem Weg in die Innerlichkeit, und damit zu Gott, teilzuhaben.

8. Kapitel

Der aktive und der geistliche Teil unseres Lebens

Mit Recht stellt sich die Frage: »Wie soll ich mit den Gedanken umgehen, die sich mir während der Gebetsübung aufdrängen? Bedeutet er für mich etwas Gutes oder Böses? Warum soll ich diesen Gedanken nicht beachten? Der Gedanke beinhaltet doch auch eine Botschaft, die mir etwas sagen möchte. Manchmal tut es mir gut, wenn ich in ihn einsteige und auf ihn höre. Gedanken zum Leiden Christi und zu meiner Erlösungsbedürftigkeit lösen bei mir oft Tränen aus, die mich befreien und mir guttun. Wenn dies der Fall ist, bewirkt doch der Gedanke etwas Gutes, das man annehmen muss! Daher wundere ich mich, dass in der Übung der ›Wolke des Nichtwissens‹ die Hauptanweisung darin besteht, in aufkommende Gedanken nicht einzusteigen, sondern sie unter die ›Wolke des Vergessens‹ zu bringen.«

Ein Gedanke wird dir bewusst und will dir anscheinend bei der Übung helfen. Deine Verstandeskraft bringt Gedanken und Vorstellungen hervor, die aus dem Inneren deiner Seele emporsteigen. Vom Ursprung her muss ein solcher Gedanke gut sein, denn er ist ein Strahl des göttlichen Urbildes, das du in dir trägst. *Sie* (die Weisheit) *ist der Widerschein des ewigen Lichts, der ungetrübte Spiegel von Gottes Kraft, das Bild seiner Güte* (Weisheit 7,26). Je nachdem, wie du einen Gedanken gebrauchst, kann er zu einem guten oder zu einem schlechten werden. Generell ist ein Gedanke gut, wenn deine Verstandeskraft durch Gnade erleuchtet wird. Auf diese Weise erkennst du die Wahrheit über dich selbst, das Leben, die Lehre und das Leiden Christi sowie die Güte Gottes und seine wunderbaren Werke. So gesehen kann natürlich ein Gedanke den Glauben eines Menschen vergrößern und stärken.

Ein falsch gelenkter Gedanke dagegen kann Verheerendes bewirken: Er führt zu Stolz, aufgeblähtem Wissen, eitler Gelehrsamkeit, Arroganz, mangelnder Demut, zu Betrug und eitler Selbstdarstellung. Der an sich gute und natürliche Verstand kann Menschen zum Verhängnis werden – zu ihnen gehören vor allem auch geistlich lebende Menschen –, wenn sie mit ihrem Wissen prahlen, ungut mit weltlichen Dingen umgehen, eitle Vergnügungen und Schmeicheleien suchen und auf öffentliche Anerkennung und Besitz angewiesen sind.

Jeder Gedanke, auch der an sich gute, wird bei der Übung der »Wolke des Nichtwissens« nicht angenommen, sondern durch ein geheiligtes Wort, das du gewählt hast, zurückgewiesen. Dadurch bricht er in sich zusammen und kann sich nicht entfalten. Bedenke: Es gibt zwei Lebensformen in der Kirche Jesu Christi: die aktive und die geistliche. Das aktive Leben hat zwei

Stufen, eine höhere und eine niedrigere, und das geistliche Leben hat ebenso zwei Stufen, eine höhere und eine niedrigere. Diese beiden Lebensformen sind trotz ihrer Verschiedenheiten miteinander verbunden, sodass keine ohne Berührung der anderen gelebt werden kann.

Die höhere Stufe des aktiven Lebens ist gleichzeitig die niedrigere Stufe des geistlichen Lebens. Ein Mensch kann daher nur im Sinne des Schöpfers sein Leben entfalten und nicht vollends aktiv sein, ohne zugleich geistlich zu sein. Und umgekehrt: Er kann nicht wahrhaft geistlich leben, ohne in gewisser Weise aktiv zu sein. Mit dem aktiven Leben beginnen wir in dieser Welt und beenden es auch hier. Anders ist es dagegen mit dem geistlichen Leben: Wir beginnen es hier auf Erden, es kommt aber in Ewigkeit an kein Ende. Das geistliche Leben, das sich Maria erwählte, wird ihr niemals mehr genommen werden. *Aber nur eines ist notwendig. Maria hat den guten Teil gewählt, der wird ihr nicht genommen werden* (Lukas 10,42). Im aktiven Leben, das genauso zu bestehen ist wie das geistliche Leben, gibt es viele Auseinandersetzungen, Sorgen und Mühen. Das geistliche Leben schenkt uns das Gegenteil: Wir sitzen in Stille und Zurückgezogenheit und himmlischer Friede breitet sich in uns aus, wenn wir nur einer »Beschäftigung« nachgehen: uns auf das Eine, Notwendige auszurichten.

- Der untere Teil des aktiven Lebens besteht aus einem aufrichtigen Handeln, aus guten und äußeren Werken der Barmherzigkeit und der tätigen Nächstenliebe. Hier lebt der Mensch noch außerhalb sei-

nes wahren Selbst, das erst entfaltet werden muss, um die vielen Möglichkeiten der Selbstwerdung auszuschöpfen.
- Der höhere Teil des aktiven Lebens, der zugleich der untere Teil des geistlichen Lebens ist, besteht aus einer geistigen Auseinandersetzung mit uns selbst, im Bedenken der menschlichen Erlösungsbedürftigkeit, in der betrachtenden Versenkung in das Leben, die Lehre, das Leiden, den Tod und die Auferstehung Jesu Christi. Voll Dank wird die Herrlichkeit göttlicher Gaben gepriesen, die Güte Gottes und sein Wirken in allen Geschöpfen. Hier ist der Mensch bereits in sich selbst und wahrhaft bei sich.
- Der höhere Teil des geistlichen Lebens – wir können es in diesem Leben nur bedingt erreichen – befindet sich in der Dunkelheit der »Wolke des Nichtwissens«. Mit einem auf Gott gerichteten Impuls der Liebe steigen wir in sie ein und üben dabei die unbedingte und ausschließliche Hingabe an das reine Sein Gottes. Auf dieser höheren Stufe geistlichen Lebens übersteigt der Mensch sich selbst. Er steht förmlich über sich selbst und unmittelbar unter seinem Gott. Sich selbst zu übersteigen, ist dem Menschen möglich, da er sich vorgenommen hat, mit der göttlichen Gnade dorthin zu gelangen, wohin er von Natur aus nicht kommen kann. Das Ziel der Sehnsucht des Menschen ist es, sich in der einigenden Kraft der Liebe im Geist mit Gott zu verbinden. Auf diesem Weg wird der göttliche Wille zum menschlichen Willen und der menschliche Wille wird zum göttlichen Willen.

Es ergibt sich logischerweise von selbst: Um auf die jeweils höhere Stufe zu gelangen, ist es notwendig, die vorherige niedrigere Lebensform zu durchlaufen. So kann man auch nur auf die höhere Stufe geistlichen Lebens gelangen, wenn man die untere Stufe erfolgreich gemeistert hat. Es ist für einen Menschen unangemessen und behindert seinen Gebetsweg, wenn er auf der unteren Stufe geistlichen Lebens an seine täglichen Aufgaben und Pflichten denken würde – selbst wenn dieses Tun noch so edel und notwendig ist. Ebenso unangemessen und hinderlich ist es für einen Menschen auf der höheren Stufe geistlichen Lebens, also jemand, der durch einen liebenden Impuls in die »Wolke des Nichtwissens« bereits eingetreten ist, wenn er Gedanken oder Betrachtungen über Gottes Güte und seine Schöpfung zulassen würde. Diese Gedanken oder Betrachtungen würden sich unweigerlich zwischen ihn und seinen Gott drängen – selbst wenn diese Gedanken noch so heilig, erfüllend oder tröstlich sind.

Sollten sich auf der höheren Stufe geistlichen Lebens diese Gedanken von selbst einstellen, so gehe ihnen nicht nach und steige auch nicht in sie ein, sondern bedecke sie mit einer dichten »Wolke des Vergessens«. Tue dies auch, selbst wenn dir der Gedanke als heilig erscheint und vorgibt, dir bei deinem Vorhaben zu helfen. Nur allein die Liebe vermag in diesem Leben bis zu Gott vorzudringen, nicht aber die Arbeit des Verstandes, der wissen und erkennen möchte. Wir können es nicht verhindern – solange wir uns in diesem sterblichen Leben befinden –, dass die Klarheit unseres Denkens immer wieder von Täuschungen und falschen Wahrnehmungen getrübt wird und uns die Sicht auf Gott versperrt. Auch unser Nachdenken über Gott unterliegt Störungen und Irrtümern, die wir beim Betreten der »Wolke des Nichtwissens« nicht mit in sie hineinnehmen dürfen.

9. Kapitel

Bringe die Gedanken unter die »Wolke des Vergessens«

Das Denken, das stets erkennen möchte und zur Aktivität drängt, stellt bei der zweiten Form geistlichen Lebens ein großes Hindernis dar: Es trennt uns von Gott. Es stellt sich förmlich zwischen dich und ihn, wenn du dich zu diesem Werk der blinden Liebe bereitest. Daher muss alles Denken auf dieser Stufe unter die »Wolke des Vergessens« gebracht werden. Wenn du diesen Schritt nicht vollziehst, bemächtigen sich die Gedanken deiner. Leider ist es immer wieder so. Wenn du glaubst, in die Dunkelheit der »Wolke des Nichtwissens« eingetreten zu sein und dort zu verweilen, wenn du meinst, nichts als Gott im Sinn und im Herzen zu haben, ist es oftmals der Fall, dass dein Bewusstsein nicht von der Nähe Gottes erfüllt ist, sondern von einer verstandesmäßigen Betrachtung von etwas, das geringer ist als Gott. Diese Betrachtung steht jetzt wie ein Hindernis zwischen dir und deinem

Gott. Lass daher solche deutlichen Vorstellungen zurück, selbst wenn sie von Gott gewollt erscheinen oder angenehm sind.

Die Sehnsucht nach Gott um seiner selbst willen und der daraus entstehende Impuls der Liebe, die unmittelbar auf die »Wolke des Nichtwissens« gerichtet ist, dient dem Heil deiner Seele weitaus mehr als alle Gedanken, Vorstellungen und Betrachtungen. Diese Weise des Betens, die eine Gottesbegegnung zum Ziel hat, ist von allen Arten am wertvollsten. Sie kommt dem Wesen Gottes entgegen und entspricht nicht nur den Engeln und Heiligen im Himmel, sondern auch deinen Verwandten und Freunden – seien sie schon im Himmel oder sie leben noch auf der Erde. Die Sehnsucht nach Gott in deinem Herzen zu spüren, bringt dir und allen an deinem Leben Beteiligten weitaus mehr, als wenn du aktiv dein inneres Auge auf Heiliges oder du dein inneres Ohr auf heilige Klänge richten würdest.

Leider ist es unserem Verstand und unserer Wahrnehmung nicht vergönnt, Gott auch nur einmal so klar und deutlich zu erkennen, wie wir ihn infolge der Gnade in diesem Leben fühlen und erfahren dürfen. Wisse: Der Mensch ist auf Erden nicht in der Lage, völlige Gotteserkenntnis zu besitzen. Es ist ihm jedoch möglich, durch gewährte Gnade Gotteserfahrung zu machen. Richte deshalb deinen Liebesimpuls auf diese Wolke oder, noch treffender gesagt: Lass Gott in deiner Hingabe deine Liebe zu dieser Wolke emporziehen, und versuche, alles Übrige zu vergessen.

Wenn dich schon ein von selbst aufkommender Gedanke, der etwas Geringeres als Gott beinhaltet, sich deinem Verstand aufdrängt und dich weiter von Gott entfernt, indem er dich unfähig macht, seine Liebe zu genießen und zu fühlen: Wie sehr wird dann erst ein Gedanke, den du bewusst aufnimmst, dich stören und die Entfernung von Gott noch vergrößern? Wenn dich schon der Gedanke an rein Geistliches davon abhält, in die »Wolke des Nichtwissens« einzusteigen, wie sehr wird dich dann erst der Gedanke an bestimmte Menschen oder an Materielles oder Weltliches daran hindern und stören?

Ein von selbst aufkommender Gedanke an etwas Gutes oder rein Geistliches ist an sich nicht schlecht. Bei deiner geistlichen Übung jedoch solltest du ihn vergessen, weil er die Entfernung zwischen deinem Gott und dir vergrößert. Dies gilt auch für alle Gedanken, die du bewusst aufnimmst und denkst: Sie hindern dich daran, bei deiner geistlichen Übung Fortschritte zu machen. Jegliche Aktivität, ja, auch alle Gedanken und Vorstellungen – selbst wenn sie gut und gottgefällig sind – tragen auf dem Weg der »Wolke des Nichtwissens« nicht zur Gotteserfahrung bei, sondern hemmen und verhindern sie. Bei der wahrhaften Gottsuche wirst du dich niemals mit Gedanken an Engel oder Heilige zufrieden geben.

10. Kapitel

Unterscheidung der Gedanken

Es gibt Gedanken im Menschen, die anders beurteilt und gehandhabt werden müssen als diejenigen, von denen bisher gesprochen wurde. Es sind die Gedanken, die sich auf sündhafte Weise mit Menschen oder weltlichen Dingen beschäftigen. Wenn plötzlich und ohne deinen Willen Gedanken dieser Art in dir aufkommen, so werden sie – vorausgesetzt, du willigst nicht ein – dir nicht als Sünde angerechnet. Sie sind eine Folge der Erbschuld, die sich in dir stärker regt als deine eigene Kraft. Du bist zwar von dieser Schuld durch die Taufe gereinigt, doch sind die Auswirkungen dieser Schuld immer noch zerstörerisch.

Beende eine solche Regung der Gedanken und Gefühle sofort, indem du ihr dein geheiligtes Wort entgegenhältst. Geschieht dies nicht, dringen diese Gedanken bis zu deinem Herzen vor und erregen es. Entweder entsteht ein Verlangen nach etwas, das dir gefällt oder früher einmal gefiel, oder du empfindest einen Widerwillen, wenn es sich um etwas handelt, das dich bedrückt oder früher einmal belastet hat. Wenn man dies immer wieder zulässt und nicht sofort aus dem Verhaftetsein aussteigt, kann es für Menschen, die ausschließlich ein weltlich orientiertes Leben führen, den geistigen Tod bedeuten.

All diejenigen jedoch, die einen geistlichen Weg gewählt haben, der sie aus zwischenmenschlichen und materiellen Verstrickungen befreit, leben nicht einzig

und allein nach ihrem eigenen Willen und Wissen, sondern lernen, auf den Rat ihres geistlichen Begleiters zu hören, der sie wiederum lehrt, den Willen und die Liebe Gottes wahrzunehmen. Sie haben es gelernt, durch einen leisen Impuls der Liebe, den sie auf Gott ausrichten, den widrigen Gedanken und Gefühlen eine Absage zu erteilen. Seit sie begonnen haben, diesen geistlichen Weg zu gehen, hat sich ihre Seele immer tiefer in Gott gegründet und sich in ihm verwurzelt. Solltest du aber mit deiner Zustimmung den widrigen Gedanken und Gefühlen über längere Zeit ungehindert Raum geben, so musst du damit rechnen, vom Weg abzukommen. Dein Wille setzt sich durch und der göttliche Wille und die dir zufließende Liebe werden ignoriert.

Wenn du dich zu lange gedanklich in der Erinnerung mit jemandem aufhältst,

- der dir Unrecht getan hat, besteht die Gefahr, dass dich eine leidenschaftliche Wut packt und eventuell ein Verlangen nach Rache. Man nennt es Zorn.
- Verachtest du jemanden, an den du dich erinnerst, und böswillige Gedanken steigen auf, so ist es Neid, der dich gepackt hat.
- Gibst du deiner Unlust nach und machst es dir bequem, indem du deine körperlichen und geistigen Tätigkeiten vernachlässigst, dann unterliegst du der Trägheit.
- Wenn unlautere Gedanken kommen, die dir gefallen und in die du einsteigst, besteht die große Gefahr, dass du dein Herz und auch deinen Willen daran hängst. Ohne dass du es bemerkst, nehmen dei-

ne leiblichen Sinne von dir Besitz. Dich verlangt danach, in dieser Pseudoruhe zu verweilen.
- Beziehen sich die Gedanken ausschließlich auf dein eigenes Können, auf deine Veranlagung, dein Wissen, dein Ansehen oder deine äußere Erscheinung, so führen sie schnell zu Hochmut.
- Sind es materielle Dinge, Güter und Reichtümer, die du besitzen oder genießen möchtest, um die deine Gedanken kreisen, dann deutet dies auf Habgier.
- Ist dein Denken angefüllt mit der unbezwingbaren Vorstellung von erlesenen Speisen und Getränken oder deine Innerlichkeit ist ganz auf andere Gaumenfreuden ausgerichtet, so bist du der Genusssucht verfallen.
- Ausschweifung kann bis zur Unkeuschheit führen, wenn sinnliche Vergnügen deine Gedanken und Vorstellungen beherrschen. Meide daher auch anzügliche Unterhaltung und Schmeicheleien.

11. Kapitel

Prüfung der aufkommenden Gedanken

Es soll hier kein Sündenregister aufgestellt oder der Zeigefinger strafend erhoben werden; du sollst auch nicht mit dieser oder jener Sünde beladen werden. Gesagtes soll dir nur klarmachen, wie wichtig es ist, die Gedanken und Gefühle daraufhin zu prüfen, was sie sind. Bei Gedanken, die dich zur Sünde verleiten können, musst du sofort eingreifen und sie im Keim ersticken. Lässt man alle Gedanken und Gefühle durchgehen, so sind immer einige dabei, die dich auf Abwege bringen wollen. Sie heißt es zu erkennen und auszumerzen. Selbst wenn du ihnen noch keine Bedeutung beimisst, musst du wissen, dass sie erst kleine, dir kaum auffallende Fehler verursachen, die dann zu immer größer werdenden Vergehen anwachsen. Generell können wir zwar nicht alle kleinen Fehler vermeiden, doch wenn wir auf dem Weg der Vollkommenheit sind, sollten wir sensibel genug sein, kleine Vergehen wahrzunehmen und sie zu meiden. Unbekümmertheit und Nachlässigkeit, die zu sündhaftem Verhalten führen, darf es in deinem Leben nicht mehr geben.

12. Kapitel

Der Wurzelgrund des Bösen wird vernichtet und gute Eigenschaften entfalten sich

Mit zunehmender Zeit der geistlichen Übung werden die guten Anlagen in dir gestärkt und du lernst ganz von selbst, Ungutes zu meiden. *Wer also zu stehen meint, der gebe Acht, dass er nicht fällt* (1. Korintherbrief 10,12). Wenn du nicht fallen möchtest, sondern dir Standfestigkeit wünschst, so halte deinen Entschluss aufrecht, immer wieder mit deiner sich nach

Gott sehnenden Liebe in die »Wolke des Nichtwissens« einzutreten, die dich von ihm trennt. Lass während dieser geistlichen Übung deine Gedanken los, von welcher Qualität auch immer sie sein mögen. Durch reine bedenkenlose Hingabe an den Herrn wird es dir geschenkt, dass sich die Keime der Sünde in dir verflüchtigen. Du magst dich körperlich und geistig noch so kasteien, fasten und dir schwere Lasten auflegen – all das wird dir nicht viel nützen, denn deine Neigungen zum Bösen bleiben dennoch in dir. *Und wenn ich meine ganze Habe verschenkte und wenn ich meinen Leib opferte, um mich zu rühmen, hätte aber die Liebe nicht, nützte es mir nichts* (1. Korintherbrief 13,3).

Was bringt es dir, wenn du immer wieder über deine Verfehlungen nachdenkst oder du dir ständig das Leiden Christi vor Augen führst? Auch Gedanken an die Freuden des Himmels bringen dich nicht weiter. Wenn auch diese Ansätze gut sind, so vermögen sie nicht viel im Vergleich zu der Übung der »Wolke des Nichtwissens«, bei der wir einen zarten Liebesimpuls in Form eines Wortes auf den Herrn richten. Diese Übung der liebenden Ausrichtung auf Gott ohne irgendeinen zusätzlichen Gedanken ist genau das, von dem die Heilige Schrift sagt: *Maria hat den guten Teil gewählt.*

Die höchsten Gedanken nützen wenig oder nichts, wenn wir nicht auch diesen guten Teil an die erste Stelle unseres Lebens setzen. Einerseits wird durch diese Übung der liebenden Hingabe der Wurzelboden unserer Sünde vernichtet und andererseits werden unsere guten Eigenschaften ent-deckt und gefördert. Wenn dieses »Werk der blinden Liebesregung« – so kann man diese Übung auch nennen – richtig begriffen und entsprechend praktiziert wird, sind darin alle guten Eigenschaften vollkommen enthalten. Es kann jemand über noch so viele gute Eigenschaften verfügen, so sind sie alle unvollkommen, ichbezogen und gefährdet, wenn er die Übung der liebenden Ausrichtung auf Gott nicht anwendet.

Gute Eigenschaften, die mit der Übung des Liebesimpulses gepaart sind, beinhalten dann auch immer eine auf Gott ausgerichtete Liebe, denn er selbst ist der Wurzelgrund aller guten Handlungen. Unser Tun ohne jegliche Erfahrung der Gottesliebe ist und bleibt Stückwerk und wird über kurz oder lang in sich zusammenbrechen. So ist es zum Beispiel mit der Demut und der christlichen Liebe. Wer diese beiden Tugenden besitzt – soweit es für uns Menschen in dieser Welt möglich ist –, braucht sich um keine weiteren Tugenden mehr bemühen, weil ihm mit der Demut und der christlichen Liebe alle anderen Tugenden gegeben sind.

13. Kapitel

Die vollkommene und die unvollkommene Demut

Betrachten wir zunächst das Wesen der Demut und versuchen, es zu erfassen. Die Demut ist dann recht unvollkommen, wenn sie noch etwas anderes beinhaltet als Gott allein. Um vollkommene Demut handelt es sich, wenn sie aus Gott kommt und gleichzeitig wieder zu ihm führt, das heißt, der Grund der vollkommenen Demut ist allein Gott. Zunächst sollte man begreifen, was Demut im Eigentlichen ist. Von hier aus kann man sich der Ursache der Demut am besten nähern und sie geistig erfassen. Zur Demut gehört, dass wir unsere eigenen Grenzen kennen und auch anerkennen. Dieser Prozess führt zur Erkenntnis und zur Erfahrung des eigenen Selbst. Wer sich erkennt und erfährt, wie er ist, ist bereits demütig. Zwei Gründe gibt es dafür, demütig zu sein.

- Der erste Grund zur Demut besteht aus der Erkenntnis der menschlichen Schwäche als Folge der Erbsünde. Einen zur Sünde neigenden Zustand muss der Mensch immer wieder erfahren, solange er sich in diesem Leben befindet, und wäre er noch so heilig.
- Der zweite Grund zur Demut ist die überströmende Liebe und die Erhabenheit Gottes. Bei der Betrachtung der Liebe und der Größe Gottes, die sein Wesen sind, packt uns und die gesamte Natur ein Schauer der Unfassbarkeit. *Keiner täusche sich selbst.*

Wenn einer unter euch meint, er sei weise in dieser Welt, dann werde er töricht, um weise zu werden (1. Korintherbrief 3,18). Die Annäherung an Gottes überströmende Liebe und Größe lässt die Gelehrten verstummen und alle Engel und Heilige sind wie geblendet. Der Herr gibt daher einem jeden von uns – sonst würde uns seine Liebesglut verbrennen – nur so viel an Liebe und Erkenntnis, wie wir sie unserem Bewusstseinszustand entsprechend aufnehmen können. Gott gibt uns also in seiner göttlichen Weisheit nur so viel zu erkennen und zu erfahren, wie wir durch unsere Natur und die uns zugedachte Gnade imstande sind zu erfassen.

Der zweite Grund zur Demut, die überströmende Liebe und die Erhabenheit Gottes, hört niemals auf, denn er besteht in Ewigkeit. Der zuerst genannte Grund zur Demut dagegen ist unvollkommen, denn er wird am Ende des irdischen Lebens vergehen. Es ist aber durchaus möglich, dass unsere Seele, unterstützt durch eine Fülle von Gnade, bereits in dieser Welt vollkommene Demut besitzt. Die Liebe zu Gott ist derart groß, dass der Mensch ganz und gar alles Wissen und jede bewusste Empfindung seines Wesens verliert. Er vergisst sich selbst, sodass es ihm gleichgültig ist, ob er ein heiliges oder erbärmliches Leben geführt hat. Ganz gleich, wie oft jemand diese Erfahrung gemacht hat: Sie ist immer nur von kurzer Dauer. Während dieser Augenblicke besitzt die Seele eine vollkommene Demut, denn sie empfindet nichts anderes als Gott als den wahren Grund ihres Seins und der gesamten Schöpfung.

Wenn sich jedoch jemand von anderen Motiven bestimmen lässt, handelt es sich um unvollkommene Demut – selbst wenn Gott an der ersten Stelle aller Motive steht. Damit sich uns vollkommene Demut schenkt, ist es notwendig, die unvollkommene zu üben. Mit zunehmender Erfahrung fallen all die Motive ganz von selbst weg, die nicht auf Gott, den Schöpfer des Himmels und der Erde, gerichtet sind.

14. Kapitel

Unsere geistliche Übung enthält die wahre Demut

Wenn ich die unvollkommene Demut übe, blicke ich dabei auf meine Schwächen, die ich als geschaffenes Wesen habe. Die Wahrnehmung und Anerkennung meiner Grenzen und damit die Ausschaltung jeglicher Überheblichkeit helfen mir, schneller zum letzten Grund aller Demut zu gelangen, der vollkommenen Demut. Dieser Weg von der unvollkommenden Demut zur vollkommenen Demut, bei dem ich mich mit all meinen Beschränkungen und Schwächen einbringe, lässt mich weitaus schneller voranschreiten, als wenn alle Heiligen und Engel, alle Ordensleute und alle Gläubigen der gesamten Kirche bei Gott für mich Fürbitte einlegen, damit er mir vollkommene Demut verleiht. Die unvollkommene Demut, die zur Selbsterkenntnis führt, ist Voraussetzung, um einerseits die vollkommene Demut zu empfangen und andererseits sie auch zu bewahren.

Es ist wichtig, deine Grenzen als Geschöpf Gottes wahrzunehmen und anzuerkennen. Durch diese Erfahrung entsteht die notwendige Selbsterkenntnis, die die Grundlage der Demut ist. Und diese wiederum ist die Grundlage der Gotteserfahrung. Es ist natürlich keine absolute Gotteserkenntnis, die dir geschenkt wird, denn diese kann niemand als Gott selbst haben. Auf Erden wird dein Erkennen auch nicht so sein, wie es dir einst im Himmel geschenkt wird. Jetzt kannst du Gott nur in dem Maß erkennen, wie es Gott deiner demütigen Seele erlaubt, die noch an deinen sterblichen Körper gebunden ist.

Es darf nun nicht sein, dass du dein Bemühen um die unvollkommene Demut aufgibst und alles daransetzt, die absolute, vollkommene Demut zu gewinnen. Du wirst dich zu Recht fragen, was die erste und die zweite Art der Demut mit der geistlichen Übung der »Wolke des Nichtwissens« zu tun haben. Der Wert dieser Übung ist größer als der jeder anderen Übung, sei sie nun körperlicher oder geistiger Art. Der von allen Gedanken freie Liebesimpuls, der der Reinheit deines Herzens entspringt und einzig und allein auf Gott gerichtet ist, trifft auf die dunkle Wolke zwischen dir und deinem Gott, um ihm näherzukommen.

Bei diesem Tun sind wir ganz auf Gott ausgerichtet, ohne etwas in Betracht zu ziehen, das weniger ist als Gott. Diese auf ihn gerichtete reine Liebe, die durch das Wiederholen eines einzigen geheiligten Wortes ihren Ausdruck findet, enthält auf wunderbare Weise die vollkommene Demut. Vielleicht bekommst du jetzt eine Ahnung von dem, was wahre und vollkommene Demut ist. Sie geht mit der Reinheit deines Herzens einher und fördert dich auf dem Weg deiner geistlichen Übung. Es ist gut, wenn du um diese Zusammenhänge weißt: dass wahre Demut der Übung der »Wolke des Nichtwissens« zugrunde liegt und beide sich gegenseitig fördern.

Bedauerlicherweise gibt es trotz dieser Erkenntnis und Erfahrung immer noch Überheblichkeit und Stolz. Ein Grund hierfür ist das Fehlen wahrer Selbsterkenntnis, die zur Demut gehört. Glaube nicht, wenn du die wahre und vollkommene Demut nicht kennst, dass du sie schon besitzen würdest. Dies ist eine falsche Annahme, die dich täuscht und nichts mit der wahren Demut zu tun hat. In Wirklichkeit aber bist du noch stolz und hochmütig. Finde daher über deine geistliche Übung hinaus Wege, auf denen sich dir die absolute Demut schenkt. Besitzt du sie, so ist es dir nicht mehr möglich, zu sündigen.

15. Kapitel

Offenbarung wahrer Demut jenseits unserer Grenzen und Fehler

Du darfst es glauben: Es gibt bereits in dieser Welt durch Gnade eine vollkommene Demut, wie sie in den vorhergehenden Kapiteln geschildert wurde. Die Behauptung ist falsch, der tiefere Grund zur Demut und zur Selbsteinschätzung erschöpfe sich in den Gedanken an unsere Schwächen und begangenen Fehler in der Vergangenheit. Dies trifft auf Menschen zu, die noch ichverhaftet sind, wenig Unterscheidungsvermögen besitzen und durch ihr falsches Handeln Schuld auf sich laden. Für sie ist die Erinnerung an ihre Schwächen und an ihre vergangene Schuld von großem Wert, um echte Demut zu lernen. Ist jedoch die Rostschicht ihrer Sünde aus ihrer Seele entfernt, offenbart sich ein tieferer Grund der Demut und der Selbsterkenntnis.

Auf Menschen, die nicht so viel Schuld auf sich geladen haben und nicht so stark zur Sünde neigen, trifft das Gesagte nicht zu – besonders, wenn sie sich für einen geistlichen Weg entschieden haben. Für sie gibt es noch einen weiteren und tieferen Grund zur Demut, der hoch über dem oben erwähnten Grund steht, so hoch, wie das Leben Unserer Lieben Frau, der heiligen Maria, über dem Leben eines sündigen Menschen steht, oder so hoch, wie das Leben Jesu Christi über dem Leben irgendeines Menschen auf Erden steht, oder wie das Leben eines Engels im Himmel über dem Leben eines schwachen Menschen steht.

Auch für dich gibt es diesen tieferen Grund zur Demut, den dir dein Gewissen und bestimmt auch dein geistlicher Begleiter bezeugt. Du hast auf deinem geistlichen Weg Fortschritte gemacht; du hast versucht, deine Fehler wiedergutzumachen und innerhalb der katholischen Kirche das Sakrament der Versöhnung empfangen. Vor allem aber bist du bemüht, durch Unterstützung der empfangenen Gnade ein geistliches Leben zu führen.

Wenn es wirklich keinen vollkommeneren Grund zur Demut gäbe als die Erkenntnis und die Erfahrung der eigenen Schwächen, dann erhebt sich die Frage: Aus welchem Grund waren dann diejenigen demütig, die keine Sünden begangen, geschweige denn sündhafte Regungen in sich fühlten wie unser Herr Jesus Christus, Unsere Liebe Frau, die heilige Maria, und alle Engel im Himmel? In der Bergpredigt, in der es um die Liebe und die Nächstenliebe geht, ruft uns Jesus zu dieser Art der Vollkommenheit der Demut auf: *Seid also vollkommen, wie euer himmlischer Vater vollkommen ist!* (Matthäus 5,48).

16. Kapitel

Vergebung der Sünden durch liebende Hingabe an Gott

Es beinhaltet durchaus nichts Hochmütiges, wenn jemand sich mit Absprache seines geistlichen Begleiters und seinem inneren Ruf folgend entschlossen hat, den geistlichen Weg der »Wolke des Nichtwissens« zu gehen. Dieser besteht, wie wir ja bereits des Öfteren gehört haben, in einer leisen Regung der Liebe, die sich im Wort »Gott« oder gar »Liebe« ausdrückt und bedenkenlos auf den Herrn gerichtet ist. Tief im Inneren des Betenden trifft dieser Impuls auf die »Wolke des Nichtwissens«, die sich zwischen ihm und seinem Gott trennend erhebt.

Maria Magdalena ist die Stellvertreterin aller Sünder, die ihre Schuld bekennen und zu einem geistlichen Leben gerufen sind. Der Herr sagte zu ihr: *Deine Sünden sind dir vergeben* (Lukas 7,48). Dies sagte er nicht, weil sie ihre Sünden bereute, und auch nicht wegen der Traurigkeit und Demütigung, die sie ihrer Sünden wegen empfand, weil ihr Schmerz so tief war. Man mag sich fragen: Weshalb aber dann sonst? Jesus selbst gibt die Antwort: *Ihr sind ihre vielen Sünden vergeben, weil sie viel geliebt hat* (Lukas 7,47). Das, was hier zwischen Maria Magdalena und Jesus geschah, lässt erkennen, was der heimliche, unmittelbar auf Jesus Christus gerichtete Liebesimpuls bei unserem Herrn bewirkt. Es ist weitaus mehr als alle guten Werke, die man sich vorstellen kann. Man darf jedoch nicht über-

sehen, dass Maria Magdalena vorher große Traurigkeit empfand und ihrer Sünden wegen bittere Tränen weinte.

Wenn dieses Gefühl auch bei uns hochkommt, sollten wir es zulassen und demütig werden. Doch wie geschieht dies? Sicherlich auf die gleiche Weise wie bei Maria Magdalena. Das Bedauern, gesündigt zu haben, und die Trauer darüber hat sie gewiss lange begleitet. Sie empfand jedoch einen weitaus größeren Schmerz darüber, dass sie noch nicht genug Liebe spürte, obgleich sie schon große Liebe besaß. Dies machte sie demütig. Stimme zu, wenn auch du diesen Weg geführt wirst, denn so ergeht es allen, die wirklich lieben. Es gehört zum Wesen eines wahrhaft Liebenden, dass er, je mehr er liebt, umso mehr danach verlangt, zu lieben.

Maria Magdalena fühlte mit schmerzlicher Gewissheit in ihrem Herzen, dass ihre Schuld sie von Gott, den sie so sehr liebte, getrennt hatte. Aber sie ging nicht jeder einzelnen Sünde nach, um sie zu betrauern und zu beweinen. Denn Gott hatte sie durch seine Gnade in ihrem Innersten wissen lassen, dass sie auf diese Weise niemals ihr Ziel erreichen würde. Sie hat völlige Vergebung ihrer Sünden erfahren, weil sie das geistliche Werk hingebender Liebe an die erste Stelle ihres Lebens gesetzt hat.

Maria Magdalena richtete ihre Liebe und ihr sehnendes Verlangen auf die »Wolke des Nichtwissens« und lernte zu lieben, was sie weder verstandesmäßig erkennen noch in ihrem Herzen klar empfinden konnte. Sie vergaß häufig, dass sie früher eine Sünderin war. Die Gottheit Jesu zog sie so stark in ihrer sehnsüchtigen Liebe an, dass sie die menschliche Gestalt Jesu nicht beachtete, wie er voller Liebe vor ihr saß und redete. Körperlich wie auch geistig nahm sie nichts mehr wahr als nur seine Gottheit.

17. Kapitel

In der Welt aktiv sein und in Gott ruhen

Als sie weiterzogen, kam er in ein Dorf. Eine Frau namens Marta nahm ihn gastlich auf. Sie hatte eine Schwester, die Maria hieß. Maria setzte sich dem Herrn zu Füßen und hörte seinen Worten zu. Marta aber war ganz davon in Anspruch genommen zu dienen. Sie kam zu ihm und sagte: Herr, kümmert es dich nicht, dass meine Schwester die Arbeit mir allein überlässt? Sag ihr doch, sie soll mir helfen! Der Herr antwortete: Marta, Marta, du machst dir viele Sorgen und Mühen. Aber nur eines ist notwendig. Maria hat den guten Teil gewählt, der wird ihr nicht genommen werden (Lukas 10,38–42).

Maria lauschte aufmerksam dem Wort Jesu und bemerkte dabei nicht, wie sich ihre Schwester abmühte, obwohl ihre Arbeit nützlich und gottgefällig war. Die Arbeit Martas gehört zur ersten Stufe des aktiven Lebens. Auch hält sich Maria nicht mit der zweiten Stufe des aktiven Lebens auf, die ja gleichzeitig die erste Stufe des geistlichen Lebens ist. Sie besteht darin, die Menschlichkeit Jesu wahrzunehmen: seine äußere Erscheinung, seine sanfte Stimme und deren Wohlklang, seine Bewegungen und seine Gesten – auf all das achtete Maria nicht. Sie richtete die ganze Liebe ihres Herzens auf die Erkenntnis seiner Gottheit, die allerhöchste Weisheit der göttlichen Natur. Diese kleidete der Herr in Worte seiner menschlichen Natur.

Was auch immer um Maria herum geschah, was sie sah oder hörte: Von nichts wollte sie sich ablenken lassen. Sie saß ganz still und in sich gekehrt da und richtete unablässig die heimliche Sehnsucht ihrer Liebe auf die »Wolke des Nichtwissens« zwischen ihr und ihrem Gott. Wir dürfen annehmen, dass in diesem Leben kein Mensch – und sei er noch so geläutert und reif für den Himmel – in mystischer Versenkung und Liebe zu Gott entrückt wurde, ohne dass die unbegreifliche »Wolke des Nichtwissens« zwischen ihm und Gott schwebte. In diese Wolke richtet Maria ihre heimlichen Liebesimpulse, getragen von der Sehnsucht ihres Herzens. Warum tut sie dies? Weil dies der beste und gottgefälligste Teil und gleichzeitig auch der verborgenste und geheimnisvollste Teil des geistlichen Lebens ist. Durch nichts und rein gar nichts wollte sie sich davon abbringen lassen, sodass sie, als Marta sich über sie beklagte, still sitzen bleib.

Marta bat sogar den Herrn darum, er möge ihrer Schwester befehlen, aufzustehen, um ihr zu helfen

und sie nicht allein arbeiten und sich abmühen zu lassen. Maria erwiderte kein Wort und ließ nicht einmal Unmut ihrer Schwester gegenüber erkennen. Maria hatte sich hingebend in die noch von der dunklen »Wolke des Nichtwissens« eingehüllte Gottheit Jesu Christi fallen lassen – eine geistliche Übung der Hingabe, die Marta nicht kannte und von der sie auch nichts ahnte. Weil dieses Tun vor allem Vorrang genießt, hatte Maria weder Zeit, auf ihre Schwester zu hören, noch auf ihren Vorwurf zu antworten.

Diese Begegnung zwischen Jesus und den beiden Schwestern Maria und Marta ist ein zeitüberdauerndes Beispiel für das aktive und das geistliche Leben. Maria ist Vorbild für alle, die einen geistlichen Weg gehen oder gehen möchten. Wir sollten einen ausgewogenen Wechsel zwischen Ruhe und Aktivität finden, um gesund und auf dem geistlichen Weg zu bleiben. Maria verkörpert die Ruhe, Marta hingegen ist Vorbild für die Aktivität, die es ebenso zu kultivieren gilt wie die innere und zu Gott führende Ruhe.

18. Kapitel

Kritik von Unwissenden an der geistlichen Lebensform

Wie sich seinerzeit Marta über Maria beklagte, so haben sich zu allen Zeiten bis heute Menschen mit ausschließlicher Neigung zur Aktivität über diejenigen beklagt, die einen geistlichen Weg an die erste Stelle ihres Lebens gesetzt haben. Hat sich ein Mensch – ganz gleich, ob er einem Orden angehört oder als Laie in der Welt lebt – zu einer bestimmten Form geistlichen Lebens entschlossen, ist es häufig der Fall, dass ihm vonseiten seiner eigenen Familie und von Freunden Vorwürfe gemacht werden. Dabei hat es sich derjenige, der diesen Schritt ins geistliche Leben tat, nicht leicht gemacht: Er hat mehrmals die Gnade Gottes, die ihn zu diesem Schritt geführt hat, infrage gestellt und geprüft; er hat sich über einen längeren Zeitraum mit seinem geistlichen Begleiter besprochen und vor allem sein eigenes Gewissen immer wieder gefragt.

Unter diesen Voraussetzungen dürfen wir annehmen, dass die Kritiker sowohl keine Ahnung von den inneren Beweggründen haben als auch über die gewählte Lebensform Bescheid wissen. Es wird den vornehmlich geistlich Lebenden oftmals ein Sturm von Entrüstung entgegengebracht; sie werden mit Vorwürfen belastet und man erklärt ihnen, ihr Tun sei sinnlos, egoistisch und falsch. In wahren und erdachten Geschichten erklären die Gegner, dass viele, die sich ebenso einer geistlichen Lebensform zuwandten, im wahrhaften Leben nicht mehr zurechtkamen und dann gestrauchelt sind. Doch niemals wird von denjenigen gesprochen – und es sind viele –, die durch ihr geistliches Leben Erfüllung und den Sinn ihres Lebens gefunden haben, die Erfahrung mit der göttlichen Welt machen dürfen und auf dem Weg sind, Gott näherzukommen – die Sehnsucht eines jeden Lebens.

Viele jedoch, die vordergründig einen geistlichen Weg gewählt haben und ihn nur halbherzig gehen, sind gescheitert und werden auch unter diesen Voraussetzungen immer wieder scheitern. Vielleicht übersehen sie den Willen Gottes und wenden seine Gnadengaben falsch an; sie haben keinen geistlichen Begleiter gesucht, um sich von ihm beraten und gegebenenfalls korrigieren zu lassen. So sind sie, ohne es vielleicht zu bemerken, zu Handlangern widergöttlicher Kräfte geworden. Ihrem Ego und nicht dem Sein Gottes und seiner Liebe haben sie den ersten Platz in ihrem Leben eingeräumt. Diese Menschen werden leicht zu Heuchlern, Fanatikern oder Sektierern und haben durch ihre Wahnideen die katholische Kirche in Verruf gebracht. Dies ist jedoch nicht das Thema, um das es bei der »Wolke des Nichtwissens« geht. Wir können vielleicht später noch einmal auf Einzelschicksale von Menschen zurückkommen, die auf ihrem geistlichen Weg gescheitert sind, und mögliche Gründe dafür anführen.

19. Kapitel

Ruhe und Aktivität ergänzen einander

Es ist an der Zeit, etwas Gutes über Marta zu sagen, damit auch ihr Achtung und Anerkennung entgegengebracht wird. Ihre Klage über ihre Schwester darf nicht gleichgesetzt werden mit dem negativen Reden über Menschen, die einen geistlichen Weg gehen. Das im vorhergehenden Kapitel Gesagte darf keinesfalls als Vorwurf gegen irgendeinen Diener oder irgendeine Dienerin Gottes verstanden werden. Martas Klage ist verständlich, ja, sogar zu entschuldigen, wenn man die Art und Weise und die Umstände bedenkt, in der sie ihre Klage hervorbrachte. Unwissenheit war der Grund ihrer Beschwerde. Marta verstand einfach nicht, womit Maria beschäftigt war und was innerlich mit ihr geschah. Marta hatte wohl bisher noch nie etwas von einer so hohen Stufe geistlichen Lebens gehört. Hinzu kommt, dass das, was sie zu sagen hatte, höflich und mit nur wenigen Worten gesagt wurde. Es kommt noch zum Verständnis hinzu, dass das aktive Leben nicht ohne das geistliche Leben auskommt und das geistliche Leben nicht ohne das aktive Leben. Deshalb sollte man auch Marta und ihre Handlungsweise verstehen.

So ist auch die Kritik der ausschließlich im aktiven Leben stehenden Menschen zu verstehen – selbst wenn sie mit ihrem Reden andere verletzen. Man sollte ihre Unwissenheit in Betracht ziehen. Denn wie Marta, als sie sich über Maria bei unserem Herrn be-

schwerte, nicht wissen konnte, was mit und in ihrer Schwester geschah, so wissen auch heute viele Menschen nicht, was mit denen geschieht, die sich bedingt von der Welt zurückziehen, um in Aufrichtigkeit des Geistes den Weg in die »Wolke des Nichtwissens« zu gehen.

Hätten die Kritiker von alldem eine Ahnung, würden sie zuvorkommender sein und anders reden und handeln. Man sollte ihnen Verständnis entgegenbringen, denn sie kennen keine bessere Lebensform als ihre eigene, bei der die Aktivität im Vordergrund steht. Wenn wir bedenken, wie oft wir aus Unwissenheit anderen Unrecht und wehgetan haben, so sollten wir anderen gegenüber nachgiebig sein und ihnen mit Liebe und Nachsicht verzeihen, wenn sie aus Unwissenheit und nicht vorsätzlich Ungutes reden und tun. Zudem darf ich meinen Nächsten nicht anders behandeln, als ich von ihm behandelt werden möchte.

20. Kapitel

Unterstützung des Himmels

Wer sich entschlossen hat, ein geistliches Leben zu führen, sollte seinen Kritikern nicht nur verzeihen, sondern aus Erfahrung wissen, dass in der Übung der »Wolke des Nichtwissens« der Betende so gesammelt ist und so tief in die göttliche Ruhe einsteigt, dass ihn nicht mehr stört, was über ihn geredet wird. So verhielt sich Maria, als sich ihre Schwester Marta beim Herrn über sie beschwerte. Wenn wir diesen Weg gehen, wird sich der Herr auch für uns einsetzen, so wie er damals auch Maria zur Seite stand.

Jesus wurde von Marta gebeten, ihre Schwester anzuweisen, aufzustehen und ihr bei der Arbeit zu helfen. Der Herr jedoch, der die verborgenen Gedanken eines jeden Herzens kennt, wusste, dass Maria in glühender Liebe zu seiner Gottheit versunken war und in dieser liebenden Selbsthingabe nicht gestört werden durfte. Der Herr, an den sich Marta als Schiedsrichter gewandt hatte, verteidigte Maria, weil sie ihn so innig liebte. *Marta, Marta* – zweimal rief er sie bei ihrem Namen, denn er wollte sichergehen, dass sie ihn auch hörte und auf seine Worte achtete: *Du machst dir viele Sorgen und Mühen.*

»Es ist die Aufgabe der Menschen, die im aktiven Leben stehen«, fuhr Jesus fort, »sich um die vielen notwendigen Dinge zu kümmern, die zum Leben gehören. Dies kostet oft große Mühe. Zuerst sind es Aufgaben und Pflichten, die den eigenen Bedarf betreffen, und dann weiten sich die Aufgaben auf unsere Mitmenschen aus. Aus Barmherzigkeit tun wir etwas für unseren Nächsten, wie es die christliche Nächstenliebe erfordert.«

Damit wollte der Herr Marta wissen lassen, dass ihre Geschäftigkeit gut und nützlich für das Heil ihrer Seele sei. Doch sollte sie nicht glauben, dass ihr Tun das beste Werk von allen sei, zu dem der Mensch fähig ist, deshalb fügte er hinzu: *Aber nur eines ist notwendig.*

Worin besteht nun dieses Eine? Vor der Erfüllung seiner körperlichen und geistigen Aufgaben, die dem Menschen gestellt sind, steht die Liebe zu Gott, die nur beidseitig fließen kann, wenn wir eine Beziehung zu ihm herstellen und diese pflegen. Jesus wollte Marta letztlich damit zu verstehen geben, dass es nicht möglich ist, sich dem geistlichen Leben und dem aktiven Leben gleichzeitig zu widmen. Wenn wir den Weg zur Vollkommenheit beschreiten – aber auch jeder Zeit im Leben –, kommt das Höchste zuerst und alles andere folgt danach. Wenn wir die beiden Lebensformen Ruhe und Aktivität miteinander verknüpfen, bleiben sie unvollkommen und führen uns nicht weiter. Um Marta davor zu bewahren, fügt der Herr die folgenden Worte hinzu: *Maria hat den guten Teil gewählt, der wird ihr nicht genommen werden.* Die Hingabe der Liebe, die wir auf Erden beginnen, durch die »Wolke des Nichtwissens« einzuüben, ist die gleiche, die wir als vollkommen in der himmlischen Seligkeit ununterbrochen erfahren dürfen. Daher ist diese geistliche Übung so wichtig und sollte an der ersten Stelle stehen.

21. Kapitel

Den besten Teil wählen

Jesus sagt zu Marta: *Maria hat den guten Teil gewählt, der wird ihr nicht genommen werden* (Lukas 10,42). Der Autor der »Wolke des Nichtwissens«, ein englischer Kartäusermönch des 14. Jahrhunderts, übersetzt: *Maria hat den besten Teil erwählt.* Was besagt das? Wenn wir vom »Besten« sprechen, dann setzt das ein »Gutes« und ein »Besseres« voraus. Es gibt also drei Möglichkeiten zur Auswahl. Was sind diese drei guten Dinge, von denen sich Maria das Beste aussuchte? Drei verschiedene Lebensformen sind es nicht, denn wir kennen nur zwei: das aktive und das geistliche Leben, die durch die beiden Schwestern Marta und Maria verkörpert werden. Diese beiden grundsätzlichen Lebensformen sind Voraussetzung dafür, selig zu werden. Da es aber nur diese beiden Möglichkeiten gibt, ist es nicht möglich, die »beste« zu wählen, sondern lediglich die »bessere«.

Obgleich es nur zwei Lebensformen gibt, so bestehen diese aus insgesamt drei Stufen, von denen eine immer besser ist als die andere. Wir haben dies bereits ausführlich dargestellt.

Zur Erinnerung jedoch: Die erste Stufe des aktiven Lebens besteht aus guten, aufrichtigen und praktischen Werken der Barmherzigkeit und der Nächstenliebe. Die zweite Stufe dieser beiden Lebensformen besteht in geistlichen Betrachtungen über das menschliche Leben, die Lehre, den Tod und die Auferstehung

Jesu Christi und über die Seligkeit, die uns im Himmel erwartet. Ist auch die erste Stufe gut, so ist doch die zweite besser, denn diese zweite Stufe des aktiven Lebens ist ja bereits die erste Stufe des geistlichen Lebens. Hier sind aktives Leben und geistliches Leben verwandtschaftlich miteinander verbunden und beide Stufen werden Schwestern wie Marta und Maria. Bis hierher kann ein Mensch, der sich zum aktiven Leben entschlossen hat, geistlich aufsteigen, aber nicht höher – es sei denn durch Gnade. Und wiederum kann jemand, der sich für den geistlichen Weg entschieden hat, sich auf die Ebene des aktiven Lebens herablassen, aber nicht tiefer als bis zu dieser Stufe. In seltenen Fällen – wenn große Not vorherrscht und es dringend erforderlich ist – muss er die erste Stufe aktiven Lebens betreten.

Die dritte Stufe dieser beiden Lebensformen führt in die »Wolke des Nichtwissens« und besteht aus der entsprechenden Gebetsübung, bei der viele aufeinanderfolgende Liebesimpulse vom Beter aus in die Wolke zu Gott geschickt werden. Die erste Stufe ist gut, die zweite besser, die dritte aber ist die allerbeste. Man kann jetzt vielleicht besser verstehen, warum der Herr nicht sagte: »Maria hat die beste Lebensform gewählt«, denn es gibt ja nur zwei, sondern: *Maria hat den besten Teil erwählt, der wird ihr nicht genommen werden.*

Obwohl die erste wie die zweite Stufe gut und gottgeweiht sind, nehmen sie doch, da sie vom Menschen aktiv gestaltet werden, mit diesem Leben ein Ende. Im zukünftigen Leben wird es weder notwendig sein, Werke der Barmherzigkeit zu tun, noch über uns und das Leben und Leiden Christi nachzudenken. Niemand wird dann mehr Hunger oder Durst leiden, erfrieren, krank und obdachlos sein oder im Gefängnis sitzen. Weil niemand mehr stirbt, wird auch niemand mehr begraben werden müssen. Die dritte Stufe, die Maria wählte, wählen auch alle, die geistlich leben möchten und auf ihrem Weg durch Gnade unterstützt werden. Viele Menschen tun diesen Schritt nicht allein aus sich heraus, sondern sie spüren, dass Gott sie dazu erwählt hat.

Wenn wir auch nur einmal von dem gekostet haben, was droben ist, wird unsere Sehnsucht stärker, den geistlichen Weg kontinuierlich weiterzugehen. Der Herr sagt zu Maria – und damit auch zu uns –, dass dieser Teil des geistlichen Lebens uns nicht genommen werden kann. Das geistliche Leben auf der zweiten Stufe beginnt auf Erden, findet dann aber in Ewigkeit kein Ende.

Um ihre erhöhte Aufmerksamkeit ging es dem Herrn, als er Marta zweimal mit ihrem Namen anrief. So sollten auch diejenigen, die im geistlichen Leben beheimatet sind, diejenigen anrufen, die sich ausschließlich dem aktiven Leben gewidmet haben und sie auffordern: »Ihr Aktiven, ihr seid so überaus fleißig mit körperlicher Arbeit auf der ersten Stufe und sodann mit gleichbleibender Geschäftigkeit auf der zweiten Stufe mit geistiger Arbeit beschäftigt. Wenn ihr euch dazu in der Lage fühlt und es euch danach verlangt, so seid auf beiden Ebenen tätig. Besondere Gnade des Herrn kann euch die dritte Ebene, die des rein geistlichen Lebens, erfahrbar machen. Fühlt ihr

euch jedoch auf der körperlichen und der geistigen Ebene wohl, sodass euch euer Tun Erfüllung schenkt, dann mischt euch nicht neugierig oder besserwissend in die Lebensweise derjenigen ein, die für sich einen geistlichen Weg gewählt haben. Ihr könnt – ohne selbst die Erfahrung zu haben – nicht wissen, was sie zutiefst innerlich bewegt. Lasst sie in ihrem Frieden, gönnt ihnen die Stille und die Ruhe, vor allem aber auch die Freude am dritten und besten Teil, den Maria gewählt hat.«

22. Kapitel

Auch Sünder sind zum geistlichen Leben berufen

*J*esus und Maria, die Schwester der Marta, waren in tiefer Liebe verbunden. Große Liebe empfand sie für ihn; aber noch viel größere Liebe empfand der Herr für sie. Wer die Liebe zwischen beiden genau betrachtet, wird bemerken, dass es Maria danach verlangte, den Herrn mit ganzem Herzen so sehr zu lieben, dass nichts Geringeres als Gott ihr Herz von ihm ablenken konnte.

Auch Maria Magdalena war so erfüllt von der Liebe zum Herrn, dass sie sich von den Engeln nicht trösten lassen wollte, als sie ihn unter Tränen am Grab suchte. *Der Engel sagte zu den Frauen: Fürchtet euch nicht! Ich weiß, ihr sucht Jesus, den Gekreuzigten. Er ist nicht hier; denn er ist auferstanden, wie er gesagt hat. Kommt her und seht euch den Ort an, wo er lag! Dann geht schnell zu seinen Jüngern und sagt ihnen: Er ist von den Toten auferstanden und siehe, er geht euch voraus nach Galiläa, dort werdet ihr ihn sehen* (Matthäus 28,5–7). Maria Magdalena wollte trotz dieser Worte ihre Suche nach dem Herrn nicht aufgeben, denn sie dachte: Wer ernsthaft den König der Engel sucht, der lässt sich selbst von den Engeln nicht davon abbringen.

Wer aufmerksam in der Heiligen Schrift liest, wird viele wunderbare Beispiele von fast vollkommener Liebe zu unserem Herrn Jesus Christus finden, die uns zum Vorbild werden können. Jesus hat seine grenzenlose Liebe ganz besonders auf die Sünder ausgedehnt, die ihm nach entsprechender Erkenntnis ihres eigenen Zustandes folgten. Er konnte es zum Beispiel nicht zulassen, dass nicht einmal die eigene Schwester auch nur ein Wort gegen Maria sprach. Er verteidigte sie in ihrer totalen Zuwendung zu ihm und unterstützte sie. Ebenso tadelte der Herr die Voreingenommenheit des Pharisäers, der ihn zu sich nach Haus zum Essen eingeladen hatte. Jesus ließ es zu, dass die Sünderin zu ihm kam und seine Füße mit Öl salbte. Ihrer großen, ja, übergroßen Liebe wegen, die über alles ging, sprach Jesus sie los von all ihren Sünden.

23. Kapitel

Das Höchste zuerst und alles andere fällt uns zu

Wir dürfen sicher sein, dass uns der Herr geistig verteidigt, wenn Menschen Schlechtes von uns denken oder sagen. Voraussetzung ist allerdings, dass wir unsere Liebe und unser Leben so gestalten, wie Maria ihre Liebe und ihr Leben gestaltete. Hierzu bedürfen wir selbstverständlich der gnadenhaften Unterstützung des Herrn. Ganz frei vom Reden anderer über uns sind wir nicht. Es bleibt uns so wenig erspart, wie auch Maria nicht davon verschont wurde. Wenn wir die Leute einfach über uns reden lassen und ihr Geschwätz nicht beachten, sondern unsere geistliche Übung heimlich fortsetzen, dann wird der Herr uns im Geist verteidigen und unsere Gegner wissen lassen, wie unrecht sie uns mit ihren Gedanken und ihren Worten tun. Durch das Wirken seines Geistes werden sie dazu gebracht, zu schweigen und sich zu schämen.

Wie der Herr uns im Geist verteidigt, so wird er auch dafür sorgen, dass wir das Lebensnotwendige bekommen. Er wird uns auch auf der aktiven Seite unseres Lebens unterstützen, wenn er sieht, dass wir die Übung der Liebe zu ihm an die erste Stelle setzen. Selbstverständlich dürfen wir die Hände nicht in den Schoß legen und auf ein Wunder warten. Für unseren Lebensunterhalt müssen wir selbst aufkommen und für Nahrung, Kleidung und Wohnraum sorgen. Zum geistlichen Leben gehört – wenn auch zu einem untergeordneten Teil – das aktive Leben. Lebt man jedoch auf Kosten anderer, haben die Kritiker recht, wenn sie behaupten, dass wir andere ausnutzen, um so intensiver geistlich leben zu können. Die Sicherstellung des eigenen notwendigen Lebensunterhaltes muss von jedem gesunden Menschen selbst geleistet werden. Unter dieser Voraussetzung dürfen wir die wunderbare Erfahrung machen, dass der Himmel auch unser aktives Leben unterstützt.

Wenn du dich in deiner Lebensentscheidung etwas mehr von der Welt abgewandt und Gott zugewandt hast, darfst du fest daran glauben, dass der Herr dir genügend lebensnotwendige Dinge zukommen lässt und dir gleichzeitig seelisches Durchhaltevermögen und körperliche Widerstandskraft verleiht. Selbst wenn uns Gnadenmittel zur Genüge zufließen, bleiben wir nicht davon verschont, auch Durststrecken auf uns zu nehmen und zu ertragen. Machen wir uns keine Gedanken darüber, sondern vertrauen darauf, dass wir das für uns Notwendige zur rechten Zeit erhalten.

Wer misstrauisch ist und daran zweifelt, dessen Glaube ist nicht groß genug, weil er sich Gott noch nicht ernsthaft genug zugewandt hat. Jeder, der ein geistliches Leben führen möchte, sei demütig und bescheiden angesichts der unvorstellbaren Größe und der Vollkommenheit Gottes. Stelle dein Ich nicht in den Mittelpunkt, sondern Gott. Lass die Sehnsucht zu, die die engen Grenzen deines Ichs überschreitet und dich in die Nähe Gottes und einmal ganz zu ihm führen möchte. Die Zurücknahme des Ichs und das Erkennen und Annehmen der eigenen Grenzen bedeutet Demut. Auf dieser gelebten Grundlage wird es dir an nichts mangeln – weder in körperlicher noch in geistlicher Hinsicht. *Denn in ihm* (Christus) *wohnt die ganze Fülle der Gottheit leibhaftig* (Kolosserbrief 2,9). Wer den Zugang zu Christus hat, braucht nichts anderes auf der Welt.

24. Kapitel

Gottesliebe und Liebe zum Mitmenschen erfüllen sich

Die Demut kann zu höchster Entfaltung kommen, wenn wir immer und immer wieder in der Übung der »Wolke des Nichtwissens« einen Liebesimpuls zu Gott senden. Um jedoch in die ihn umgebende dunkle Wolke zu dringen, muss dieser liebende Anruf Gottes zunächst die »Wolke des Vergessens« passieren. Das, was für die Demut gilt, gilt ebenso für die christliche Liebe. Sie entfaltet sich ebenso und wächst, wenn wir auf dem Weg sind, Gott um seiner selbst willen mehr zu lieben als alle Geschöpfe und alles Geschaffene. Hinzu kommt die Liebe zum Nächsten. Auf die Frage, welches das wichtigste Gebot sei, antwortet Jesus: *Du sollst den Herrn, deinen Gott, lieben mit ganzem Herzen, mit ganzer Seele und mit deinem ganzen Denken. Das ist das wichtigste und erste Gebot. Eben-*

so wichtig ist das zweite: Du sollst deinen Nächsten lieben wie dich selbst (Matthäus 22,37–39).

In der Übung der »Wolke des Nichtwissens« sendet der Betende einen Liebesimpuls über alle Geschöpfe hinaus zu Gott. Hiermit folgt er der ihm eingestifteten Sehnsucht. Der Betende ist auf diesem Weg weniger und weniger in sich selbst verhaftet; er bittet weder um dieses oder jenes, sondern hat nichts anderes in seinem inneren Blick und in seinem Herzen als Gott selbst. Unabhängig von seiner augenblicklichen Befindlichkeit geht es ihm darum, sich in Gott zu versenken, den er liebt, und sowohl im geistlichen als auch im aktiven Leben seinen Willen zu erfüllen. Der in dieser Gebetsübung Erfahrene hat durch die »Wolke des Vergessens« gelernt, jeden Gedanken – selbst an das Heiligste, das Gott je schuf – nicht zuzulassen. Ein Gedanke würde hier spalten, weil er sich zwischen den Beter und Gott drängt.

So wie das erste Gebot christlicher Liebe wird auch das zweite Gebot – die Liebe zum Mitmenschen – durch diese geistliche Übung mehr und mehr erfüllt. Jeder Mensch hat für den geistlich Lebenden den gleichen Wert, mag er verwandt oder fremd sein, Freund oder Feind. Alle Menschen scheinen ihm verwandt und freundschaftlich verbunden und nicht fremd. Diese Nächstenliebe geht so weit, dass er alle, die ihm Leid zugefügt haben und ihn auch gegenwärtig kränken, als seine ganz besonderen Freunde ansieht. Der Betende spürt, wie er innerlich bewegt wird, gerade seinen Kritikern ebenso viel Gutes zu wünschen wie seinem besten Freund.

- *Liebet eure Feinde und betet für die, die euch verfolgen* (Matthäus 5,44).
- *Doch ihr sollt eure Feinde lieben und Gutes tun und leihen, wo ihr nichts zurückerhoffen könnt* (Lukas 6,35a).

25. Kapitel

Das Herz weitet sich für alles Geschaffene

Bei der Übung der »Wolke des Nichtwissens« lenkt man seine Aufmerksamkeit auf nichts und niemanden, mag es ein Familienmitglied oder ein Fremder sein. Wenn wir in die »Wolke des Vergessens« eintreten, geschieht dies ganz von selbst. Die Übung wird zu einem Gebet höchster Stufe, wenn alles und alle, die weniger als Gott sind, vergessen werden. Dieses Gebet läutert uns und stärkt unsere Fähigkeit zu lieben, sodass wir – aus dem Gebet zurückgekehrt – uns und unsere Umwelt in einem helleren und freundlicheren Licht sehen. Wir gehen selbst mit unseren Feinden liebevoller um und stellen fest, dass uns der Umgang mit ihnen sogar lieber ist als mit einem Freund. Auf diese Weise erfüllen wir das Gebot der Nächstenliebe.

Da wir aber auch unsere Aufgaben und Pflichten im aktiven Leben erfüllen müssen, dürfen wir nicht zu lange im Gebet der »Wolke des Nichtwissens« verweilen. Es gehört zu unserem Leben, dem Nächsten zu begegnen, und wenn es sein muss, etwas Gutes für ihn zu tun. Es darf jedoch nicht sein, dass wir in Überaktivität versinken und mit dieser wunderbaren Gebetsübung aufhören.

Dass wir bestimmten Menschen mit einer größeren Liebe entgegenkommen als anderen, ist natürlich und verständlich. Die Gründe dafür sind nur der Liebe bekannt. Empfand nicht auch Christus eine innige Zuneigung zu Johannes, zu seiner Mutter Maria und zu Petrus, die stärker war als zu anderen? Wir dürfen sicher sein, dass durch die geistliche Übung eine gute Verbindung zu allen Menschen entsteht. Dies schenkt sich jedoch nur, wenn wir zutiefst in einer Verbundenheit mit Gott stehen. So entsteht aus der Gottesliebe die Nächstenliebe.

Wie alle Menschen durch das Fehlverhalten Adams geschwächt und belastet wurden, so dürfen wir alle durch Jesus Christus Stärkung und letzte Erlösung erfahren. Durch unser geistliches Leben, das Liebeshingabe bedeutet, nehmen wir in besonderer Weise an dem Erlösungswerk Jesu Christi teil. *Denn wie in Adam alle sterben, so werden in Christus alle lebendig gemacht werden* (1. Korintherbrief 15,22).

Wenn ein Organ oder ein Glied unseres Körpers leidet, leidet der gesamte Körper. Ebenso ist es umgekehrt: Befindet sich ein Körperteil besonders wohl, überträgt sich dies auf den gesamten Körper. So verhält es sich auch auf geistige Weise mit allen Gliedern der Kirche:

- *Denn wie der Leib einer ist, der viele Glieder hat, alle Glieder des Leibes aber, obgleich es viele sind, einen einzigen Leib bilden: So ist es auch mit Christus* (1. Korintherbrief 12,12).

- *Er ist das Haupt, der Leib aber ist die Kirche* (Kolosserbrief 1,18a).
- *Alles hat er* (der Vater) *ihm zu Füßen gelegt und ihn, der als Haupt alles überragt, über die Kirche gesetzt. Sie ist sein Leib, die Fülle dessen, der das All in allem erfüllt* (Epheserbrief 1,22–23).
- *Er, Christus, ist das Haupt. Von ihm her wird der ganze Leib zusammengefügt und gefestigt durch jedes Gelenk. Jedes versorgt ihn mit der Kraft, die ihm zugemessen ist. So wächst der Leib und baut sich selbst in Liebe auf* (Epheserbrief 4,15b–16).

Christus ist unser Haupt, und wir sind die Glieder, wenn wir in seiner Liebe leben. Wer Christus nachfolgen will, muss sich – wie Christus selbst es tat – für das Heil der Welt hingeben, für seine Brüder und Schwestern. Durch Hingabe, wie sie in dieser geistlichen Übung geschieht, entsteht Befreiung und Erlösung. Jesus opferte sein Leben nicht nur für seine Verwandten, Freunde und engsten Vertrauten, sondern für die gesamte Menschheit, ohne Unterschied. Er spricht mit seinem Erlösungswerk alle an, die seine Liebe und seine Barmherzigkeit suchen. Alles, was über Demut und Liebe gesagt ist, trifft auch auf alles Gute und alles gute Tun zu. Der Mensch, der in der Übung der Hingabe durch einen zarten Impuls der Liebe Christus folgt, wird von Grund auf erneuert.

26. Kapitel

Anfangsschwierigkeiten: Gnade unterstützt den geistlichen Weg

Deine Sehnsucht möchte von Natur aus in die dichte »Wolke des Nichtwissens« dringen, bis du darin zur Ruhe kommst und die göttliche Ruhe erfahren darfst. Das Wichtigste bei dieser Übung besteht darin, Gott Zeit zu schenken und den rechten Umgang mit den aufkommenden Gedanken zu lernen. Göttliche Gnade hilft uns dabei, beides zu erfüllen. Aus Treue und Kontinuität entsteht gute Erfahrung, die immer neu motiviert, weiterzumachen. Ebenso ist auch die Mitte der geistlichen Übung leicht: einen Liebesimpuls in Form eines geheiligten Wortes auf Gott hin zu senden. Diese Liebe entsteht ohne Unterlass durch das Wirken des allmächtigen Gottes im menschlichen Herzen. Wenn wir dem Herrn Zeit und ruhevolle Wachheit schenken, das heißt, wir öffnen uns ihm, wird die Liebe in uns befreit und beginnt zu fließen.

Viele Menschen können gottlob die aufkommenden Gedanken nicht willentlich verdrängen, sondern bringen sie unter die »Wolke des Vergessens«. Hier setzt der Betende mit einem leisen Impuls der Liebe an, den er in das Wort »Liebe« oder »Gott« kleidet. Dieses Wort wird innerlich sanft mehrmals wiederholt, sodass der Gedanke keine Chance hat, sich auszubreiten und zu entfalten. Alles andere überlassen wir dem Herrn. Wir bereiten den Weg, indem wir uns öffnen ohne dabei aktiv zu sein, damit Gott in uns wirken kann. Der wesentliche Teil dieser Übung der Hingabe ist einzig und allein göttliches Wirken. Hoffe und baue auf die Hilfe des Herrn. Setze diese geistliche Übung kontinuierlich fort und es wird dir an nichts fehlen.

Je weiter du fortschreitest, umso leichter wird es dir fallen. Tausche dich mit deinem geistlichen Begleiter aus, der dich gegebenenfalls korrigiert, aber immer deinen Fortschritt bestätigt. Wenn du erst einmal zutiefst erfährst, was Hingabe ist, werden alle Anfangsschwierigkeiten schwinden und alles wird leicht für dich. Du spürst, dass keine Anstrengung notwendig ist. Jetzt ist der Zeitpunkt gekommen, in dem der Herr in dir wirken kann, wie er es will. Du wirst eine große Freude darüber empfinden, wenn du durch Hingabe deines Ichs und allem, was zu dir gehört, wahrnimmst, wie er allein in dir wirkt.

Zu jeder Zeit ist es möglich, dass dich ein Strahl geistigen Lichtes trifft, der die Wolke durchbricht, die zwischen dir und deinem Gott aufgeschichtet ist. In diesen Augenblicken zeigt dir der Herr etwas von seinen Geheimnissen, die kein Mensch aussprechen kann. Du spürst so überwältigend, wie das Feuer seiner Liebe dein Herz entflammt, dass man es in Worten nicht auszudrücken vermag. Auch darüber zu schreiben, ist nicht möglich, doch hilft uns die Beschreibung des Anweges, auf dem wir uns an dieser Stelle gerade befinden.

27. Kapitel

Wer kann mit der Übung der »Wolke des Nichtwissens« beginnen?

Alle Menschen können mit diesem geistlichen Leben beginnen, die sich entschlossen haben, nicht mehr Weltliches an die erste Stelle ihres Lebens zu setzen, sondern sich auf die Suche nach Gotteserfahrung zu begeben. Die Entscheidung, ein geistliches Leben zu führen, ist von großer Bedeutung und kommt einer Weihe gleich. Eigentlich gibt es keine Hindernisse, denn mit dieser Berufung aus Gnade beginnt ein neuer Lebensabschnitt, bei dem es sich – immer stärker werdend – von selbst einstellt, keine Fehler mehr zu machen und nicht mehr zu sündigen.

Was zu Beginn des neuen geistlichen Weges zu beachten ist, und vor allem, wie man Maß halten muss, wird später noch einmal eingehend erklärt.

28. Kapitel

Ein guter Start verspricht schnellen Fortschritt

Man sollte erst mit der Übung der »Wolke des Nichtwissens« beginnen, wenn man sein Gewissen zur Genüge erforscht und das Sakrament der Versöhnung empfangen hat. Damit schließen wir die Sünde nicht aus, denn jeder Mensch bleibt zur Sünde geneigt. Wir dürfen jedoch darauf hoffen, dass die Kraft dieses geistlichen Gebetes alle Wurzelreste der Sünde in der Seele verdorren lässt. Der gute Nährboden sollte dazu ein gereinigtes und befreites Gewissen sein. Unter dieser Voraussetzung wird es leicht, mit dieser geistlichen Übung zu beginnen, selbst wenn zeitweilig quälende Gedanken aufkommen. Es tut einem leid, dass man nicht eher mit einem so wunderbaren geistlichen Weg begonnen und die Sehnsucht der Seele so lange nicht beachtet hat. Haben wir erst einmal damit begonnen, geistlich zu leben, werden wir feststellen, dass es mit zu unserer Lebensaufgabe gehört, die Seele zu kultivieren und ihr den Weg zu Gott freizumachen.

Solange wir auf Erden leben und unsere Seele mit unserem Körper verbunden ist, wird sie immer die »Wolke des Nichtwissens« zwischen sich und Gott erkennen und als großes Hindernis empfinden. Ein Weiteres kommt hinzu: Wir werden immer wieder erleben, wie Gedanken und das, was mit ihnen zu tun hat, sich in unser Bewusstsein drängen und uns von Gott ablenken. Dieser Zwiespalt, in dem wir zeitweilig leben, scheint ererbt und eine Folge der Ursünde zu sein. Der Mensch neigt daher dazu, den göttlichen Auftrag, den er hat, gelegentlich oder auch oft zu missachten. So müssen wir, wenn wir einen geistlichen Weg gehen und Gottes Liebesangebot erfüllen möchten, erkennen und erfahren, dass sich viele Gedanken, über die wir eigentlich Herr sein sollten, sich unserer bemächtigen und sich störend in die Beziehung zu Gott drängen.

29. Kapitel

Seine Tat beurteilen, nicht den Menschen

Ganz gleich, wer wir sind und was wir getan oder nicht getan haben: Wir können den geistlichen Weg der »Wolke des Nichtwissens« gehen, um den Zustand jener Fülle und Gottesnähe annähernd wiederzuerlangen, den der Mensch vor dem Sündenfall besessen hat.

Da diese Übung für manche Menschen befremlich ist, kostet es für sie Überwindung, damit zu beginnen. Dem Herrn die Zeit unseres Gebetes zu schenken, ist einsehbar, doch sich ganz und gar mit Körper, Geist und Seele ihm hinzugeben, ist für viele unvorstellbar. Oftmals sind es gerade die Menschen, die viel Schuld auf sich geladen haben, die diese Übung begreifen, gern praktizieren und schon sehr schnell zu wunderbaren Ergebnissen kommen. Dies ist ein Wunder der Barmherzigkeit unseres Herrn Jesus Christus, der seine Gnadengaben nach seinem Willen und nicht nach unserer Vorstellung verteilt. Es wird auch einmal für uns der Tag kommen, an dem wir große Zusammenhänge einsehen und Gott sich in heller Klarheit offenbart.

Dabei wird es geschehen, dass manche, die wir als unverbesserliche Sünder ansehen, jetzt in himmlischer Seligkeit zusammen mit den Heiligen vor Gottes Angesicht versammelt sind. Und andere wiederum, die wir auf Erden hoch geachtet und verehrt haben oder die niemals schwere Schuld auf sich luden, sehen wir in einem großen Abstand zur lebendigen Gegenwart Gottes.

Letztlich kommt es uns nicht zu, in diesem Leben ein endgültiges Urteil über jemanden aufgrund seiner Taten zu fällen. Wir dürfen nur eine Tat mit gut oder schlecht beurteilen, nicht aber einen Menschen.

30. Kapitel

Gutes sprechen

Über einen Menschen schlecht zu reden oder gar ein Urteil über ihn zu fällen, steht uns nicht zu. Oft maßen wir uns jedoch an, über ihm zu stehen und eventuell sogar über ihn zu richten. Es ist wichtig, dass unser geistlicher Begleiter oder Seelsorger uns unter vier Augen – wenn notwendig – zurechtweist und unser Verhalten korrigiert. Dies geschieht nicht aus Überheblichkeit, sondern aus Liebe zu uns, damit wir keine falschen Wege gehen. Möge auch unser Gewissen zu uns sprechen, dem wir – befinden wir uns auf einem geistlichen Weg – voll vertrauen dürfen. Wichtig ist es, uns immer wieder zu sagen: Lass andere Menschen in Ruhe und mische dich nicht in ihr Leben ein. *Richtet nicht, damit ihr nicht gerichtet werdet!* (Matthäus 7,1).

31. Kapitel

Umgang mit Gedanken jeglicher Art

Wenn du die entsprechenden Vorbereitungen getroffen hast, um einen geistlichen Weg zu gehen, kannst du bedenkenlos mit dieser Übung der »Wolke des Nichtwissens« beginnen. Wisse jedoch – und das kann nicht oft genug betont werden –, wie du mit aufkommenden Gedanken umgehen musst. Viele, die freudigen Herzens beginnen, scheitern, wenn sie sich einer anscheinend nie endenden Fülle von Gedanken gegenübersehen. Es sind Erinnerungen, oft sündhafte Begebenheiten aus der Vergangenheit, Versuchungen oder auch gute und kreative Gedanken, die ganz von selbst aufkommen und sich zwischen dich und deinen Gott drängen. Viele meinen, hier etwas tun oder leisten zu müssen und verdrängen die

Gedankeninhalte, anstatt ihnen freien Lauf zu lassen, damit sie sich ausdrücken und verschwinden können. *Der Gott des Friedens aber wird den Satan bald zertreten und unter eure Füße legen. Die Gnade Jesu, unseres Herrn, sei mit euch!* (Römerbrief 16,20).

Das Einzige, was du von dir aus tust: Steige innerlich in dein geheiligtes Wort ein, wiederhole es und lass geschehen, was geschehen möchte. Halte also die Gedanken nicht fest, indem du in sie einsteigst, sondern gib der geistlichen Übung den Vorrang und ganz von selbst befindest du dich bereits in der »Wolke des Vergessens«. Dies ist die Vorstufe erfüllten geistlichen Lebens. Bis du in die »Wolke des Nichtwissens« eintrittst und damit in eine größere Nähe und Ruhe Gottes kommst, bedarf es der Übung. Du darfst auf diesem Weg einer gnadenhaften Unterstützung sicher sein, denn der Herr möchte deine Seele an sich ziehen. *Und ich, wenn ich über die Erde erhöht bin, werde alle zu mir ziehen* (Johannes 12,32).

Indem du einer göttlichen Schwingung der Liebe den Vorrang gibst, überlistest du damit deine Gedanken, die sich dann nach kurzer Zeit auflösen. Halte sie nicht fest, sondern lass sie vergehen. Auf diesem Gebetsweg ist es der Herr, der durch seine hingebende Liebe das Dunkel unserer Innerlichkeit in Licht verwandelt. Dürfen wir ihm – im Gegensatz zu den Menschen – nicht alles zutrauen?

32. Kapitel

Jenseits der Gedanken ist Christus, das Ziel

Das Thema »Gedanken« während der Übung der »Wolke des Nichtwissens« ist so wichtig, dass nochmals darauf eingegangen wird. Wenn sich Gedanken, ganz gleich welcher Art, erheben, so steige nicht in sie ein und zeige damit, dass sie dich nicht interessieren. Schaue an ihnen vorbei und halte nach etwas anderem Ausschau und das ist Gott, der in der »Wolke des Nichtwissens« verhüllt ist. Setzt du auf diese Weise Prioritäten, so darfst du sicher sein, dass schon nach kurzer Zeit alles leicht wird. Du folgst dem sehnsüchtigen Verlangen deiner Seele nach Gotteserfahrung und Gotteserkenntnis – soweit das unter irdischen Bedingungen möglich ist. Das Ziel dieser Sehnsucht ist die Liebe, die sich in Christus erfüllt.

Begehe niemals den Fehler, gegen Gedanken anzukämpfen oder sie zu verdrängen. Gib der liebenden Anrufung den Vorrang, was bedeutet: Du überlässt dich Gott inmitten deiner »Feinde«, denn das sind die Gedanken während deiner geistlichen Übung. Durch diese Hingabe deines Denkvermögens, deiner Konzentrationsfähigkeit, ja, generell deines eigenen Willens, darfst du jenseits von alldem die Erfahrung göttlicher Liebe machen.

All dies geschieht in Demut, wenn wir bei dieser Hingabe unsere Begrenzungen annehmen und gestehen, dass unser einziger und ewiger Lebensquell der

Herr ist. Ein Strahl des Lichtes und der Liebe wird dich aus der »Wolke des Nichtwissens« treffen, der dich von allem befreit, was nicht zu dir gehört – wie zum Beispiel von störenden Gedanken. Der Herr richtet dich auf und wandelt deine Traurigkeit in Freude und Dunkles in dir in Licht. Gott handelt an dir als seinem geliebten Kind, das er in Gefahr sieht. *Wir aber, dein Volk und die Herde deiner Weide, wir wollen dir danken auf ewig, von Geschlecht zu Geschlecht dein Lob verkünden* (Psalm 79,13).

33. Kapitel

Folgen von persönlichen Vergehen werden getilgt

Viel Hintergrundwissen bedarfst du nicht, denn der Herr kommt dir – gibst du dich ihm ganz hin – in allem mit seiner Gnade entgegen. Er lässt dich Dinge einsehen, die für dich jetzt noch nicht einsehbar sind – sowohl was das Wissen als auch die Erfahrung betrifft. Halte durch, wenn auch immer und immer wieder während deiner geistlichen Übung Gedanken aufsteigen. Es ist ein notwendiger Vorgang der Reinigung der Seele, der den Empfang göttlicher Liebe vorbereitet. Vergiss diese Aussage und diesen Zusammenhang nicht, damit dir die Notwendigkeit der abfließenden Gedanken bewusst bleibt. Die vielen Gedanken und Vorstellungen müssen erst von der »Wolke des Vergessens« umfangen werden, bis du einmal in die »Wolke des Nichtwissens« eintreten kannst. Dazu ist dieser Reinigungsvorgang notwendig, der mit einer Art Fegefeuer verglichen werden kann.

Wenn dir die geistliche Übung der Hingabe zu einer liebenden Gewohnheit geworden ist und der Herr dich in die Kunst dieser Übung eingeführt hat, dann näherst du dich damit einem Zustand, in dem du sowohl von der Sünde als auch von den Sündenstrafen frei bist. Deine persönliche Schuld und ihre Auswirkungen gibt es nicht mehr. Damit sind nicht die Folgen der Erbschuld gemeint. Deren Folgen sind bis zu unserem Tod nicht auszulöschen – selbst bei größtem Fortschritt auf unserem geistlichen Weg. Die Auswirkungen unserer persönlichen Schuld sind jedoch wesentlich größer als die Erbschuld, die an uns haftet. Doch wisse: Aus der ursprünglichen Trennung von Gott entspringen immer wieder neue Impulse und Versuchungen, zu sündigen. Die hieraus entstehenden Gedanken musst du während des Betens genauso behandeln wie alle anderen Gedanken. *Und nehmt den Helm des Heils und das Schwert des Geistes, das ist das Wort Gottes* (Epheserbrief 6,17).

Du wirst die unumstößliche Erfahrung machen, dass es in dieser Welt keine letzte Sicherheit, keinen vollkommenen Frieden und auch keine bleibende wahre Ruhe gibt. Schrecke aber vor nichts zurück, denn du wirst durch, mit und in Christus alle Hindernisse überwinden. Gehst du konsequent den geistlichen Weg mit ihm, wird es kaum zu neuen persönlichen Verfehlungen kommen und die Folgen der Urtrennung werden dich nur wenig behindern.

34. Kapitel

Die Initiative liegt bei Gott

Letztlich kann dich weder dieses Buch noch ein Mensch das Gebet der »Wolke des Nichtwissens« lehren. Du bedarfst dazu der Unterstützung des Himmels und der Gnade unseres Herrn Jesus Christus. Wie weit dir der Herr auf deinem geistlichen Weg entgegenkommt, hängt einzig und allein von ihm selbst ab. Wenn der Herr dem Betenden nicht zur Seite steht und ihn nicht bejaht und nicht unterstützt, können selbst Heilige und Engel nicht aus sich allein die Spur dieses wunderbaren Gebetes finden und es erfolgreich erlernen. Menschen, die harte Schicksalsschläge hinnehmen mussten oder müssen und in ihrem Glauben schwanken, kommt der Herr oftmals weiter entgegen als Menschen, die ihren Glauben mittelmäßig leben. Dadurch erkennen wir Gottes Allmacht und Barmherzigkeit und er gibt uns zu verstehen, dass er wirkt, wie, wann und wo er es möchte.

Nicht durch unseren Fleiß und unsere Leistung erreichen wir auf diesem geistlichen Weg etwas, sondern das Wesentliche schenkt sich uns durch Gottes Gnade. Voraussetzung allerdings ist, dass wir uns diese Gnadenzuwendung wünschen und offen für sie sind.

Doch sollten wir wissen: Die Gnade strömt uns weder als Belohnung für Schuldlosigkeit zu noch wird sie uns als Strafe für unsere Vergehen vorenthalten. Das bedeutet nicht, dass sie uns generell entzogen wird. Wir sollten achtsam sein, denn je mehr man sich der Wahrheit nähert, desto mehr sollte man sich vor Fehlinterpretationen hüten. Falls dir das Gesagte zu viel wird oder unverständlich bleibt, leg das Buch aus der Hand, bis du von Gott selbst belehrt wirst. Denke nicht krampfhaft und allzu viel nach, sondern vertraue auf die rechte Zeit, die kommen wird.

Hüte dich vor zu hoher Selbsteinschätzung, denn damit beleidigst du Gott, von dem alles Gute kommt. Bei Bescheidenheit und vornehmer Zurückhaltung wirst du spüren, dass auch das Gebet, in das du eingeführt bist, ein vom Herrn kommendes ist und dir ohne jegliche eigene Verdienste zuströmt. Die Anwesenheit Gottes im Menschen befähigt uns, durch die »Wolke des Vergessens« zu schreiten, um die »Wolke des Nichtwissens« zu berühren und in sie einzutreten. Das Einzige, das wir von unserer Seite tun, besteht darin, immer wieder einen sanften Liebesimpuls zu Gott zu senden. Du darfst dich glücklich schätzen, wenn du spürst, dass deine Liebe zu Gott aufsteigt.

Du magst noch so sehr deinen Willen anstrengen, um dieses Gebet fruchtbar werden zu lassen: Wenn der Herr seine Gnade nicht dazu schenkt, ist dein Bemühen vergeblich. Der innere Vorgang, durch den du bewegt wirst, ist ein Geschenk des Herrn, das über dein Erkennen hinausgeht. Forsche nicht weiter nach und sei nicht traurig, dass du über die inneren Vorgänge so wenig weißt. Fahre einfach bedenkenlos mit deinem Gebet fort und lass auf diesem Weg geschehen, was geschehen möchte.

Verlasse dich ganz auf das, was mit dir während der Gebetszeit geschieht. Lass während der Anrufung mit dir geschehen, was geschehen möchte, und lass dich führen, wohin der Herr es will. Greife nicht in das Wirken seines Heiligen Geistes ein, sondern lass es an dir geschehen. Mische dich nicht ein, um eventuell das Wirken des Herrn in dir zu unterstützen; damit läufst du Gefahr, dir Geschenktes zu zerstören.

- Sei du nur das Holz und traue es dem Zimmermann zu, das Rechte daraus zu machen.
- Sei du nur das Haus und lass es den Hausherrn sein, der darin wohnt.

Sei während der Dauer deines Gebetes wie blind. Wie du die Ebene deiner Wahrnehmung überschreitest, so überschreite auch die Ebene deines Denkens und die deiner Neugier. Du musst nicht alles wissen wollen, denn damit hinderst du jeglichen Fortschritt, den der Herr für dich vorgesehen hat. Es soll dir genügen, dich von etwas freudig bewegt zu fühlen, von dem du letztlich nicht weißt, was es ist. Du weißt nur, dass du dich immer wieder auf Gott ausrichtest und dich nicht mit dem aufhältst, das weniger als Gott ist. Du hast keine bestimmte Absicht im Sinn und bist frei von Erwartungen, die dich selbst und andere betreffen.

Wenn du dich auf diese Weise bedenkenlos und ohne Absicht auf den Herrn verlässt, darfst du sicher sein, dass er es ist, der auch außerhalb deiner Gebetszeit dein Wollen und Verlangen bewegt und steuert. Fürchte dich nicht vor dem Widersacher, denn da der Herr bei dir den ersten Platz einnimmt, traut dieser sich nicht in deine Nähe. Der Widersacher mag es noch so klug anstellen, deinen Willen zu manipulieren: Er wird es nicht vermögen, wenn du immer wieder deinen Willen in die Hände Gottes legst. Nur auf komplizierten Umwegen kann der Verführer dich erreichen und dann bleibt immerhin die Frage noch offen, ob du ihm zustimmst oder nicht.

Nicht nur durch diese Erklärung, sondern auch durch deine eigene Erfahrung sollte dir klar geworden sein, dass man bei der Übung der »Wolke des Nichtwissens« keine weitere Hilfe, Methode oder gar Technik verwenden soll. Alles andere als nur die Ganzhingabe an Gott würde das Werk der Liebe zerstören, das sich zwischen dir und deinem Gott aufbaut. Die liebende Verbindung zu Gott lässt alles Gute entstehen; irgendein Hilfsmittel jedoch kann dies nicht erreichen.

35. Kapitel

Schriftlesung, Betrachtung und Gebet

Drei wesentliche religiöse Elemente, die außerhalb der Übung der »Wolke« ausgeübt werden sollten, sind unverzichtbar, denn sie tragen zum geistlichen Fortschritt bei: Lesen der Heiligen Schrift, Besinnung oder Betrachtung und das Gebet. Die Besinnung oder Betrachtung beinhaltet auch das Entdecken und Pflegen der eigenen Persönlichkeit. Zum »Gebet« gehört jegliche Art des Betens – sowohl gemeinsam in der Liturgie als auch das persönliche Beten. Die Übung der »Wolke des Nichtwissens« ist der königliche Weg, der geradewegs zu Gott führt. Die Schriftlesung, die Betrachtung und das Gebet werden einerseits zu einem Bedürfnis, wenn das Hingabegebet geübt wird, andererseits sind diese drei eine wesentliche Voraussetzung für den geistlichen Weg der »Wolke«.

Zur Schriftlesung gehört nicht nur die Heilige Schrift, sondern auch geistliche Lektüre und entsprechende Vorträge. Das gelesene oder vorgetragene Gotteswort ist mit einem Spiegel zu vergleichen. In geistiger Hinsicht ist das Auge deiner Seele gleichsam die Vernunft; das Gewissen ist deine geistige Sehkraft. Wenn sich ein Schmutzfleck auf deinem Gesicht befindet, so kann ihn dein Auge ohne einen Spiegel oder ohne einen Hinweis von einem anderen Menschen nicht sehen. So ist es auch in geistiger Hinsicht. Ohne die Schriftlesung oder das Hören des Wortes Gottes in der Predigt oder Vorträgen ist es kaum möglich, dass die Seele – belastet durch Sünde – den Schmutzfleck auf ihrem Gewissen erkennen kann.

Erst wenn wir durch jemand anderen auf den Fleck aufmerksam gemacht werden oder wir ihn gar selbst entdecken, wenn wir in einen Spiegel schauen, werden wir auf ihn aufmerksam und nehmen ihn wahr. Erst jetzt und nicht früher suchen wir eine Wasserquelle, um uns zu waschen. Dieses Bild können wir wunderbar übertragen: Wenn dieser Fleck von einem per-

sönlichen Vergehen herrührt, dann ist der Brunnen die Kirche und das Wasser stellt das Sakrament der Versöhnung dar. Wenn es sich jedoch bei der Verschmutzung nur um eine Regung der Sünde handelt, dann symbolisiert der Brunnen den barmherzigen Gott und das Quellwasser ist das Gebet. Sowohl Anfänger als auch Fortgeschrittene auf dem geistlichen Weg benötigen immer wieder die Schriftlesung, um sich selbst zu erkennen und das göttliche Wort betrachten zu können. Und ohne Betrachtung ist kein wirkliches Gebet möglich.

36. Kapitel

Sprich nur ein Wort

Die in der Übung der »Wolke des Nichtwissens« Fortgeschrittenen erfahren die göttliche Ruhe und seine unmittelbare Nähe auch außerhalb der Zeit ihres Betens. Sie brauchen nicht mehr über sich selbst nachzudenken und entsprechende Betrachtungen anzustellen. Innerhalb eines Augenblicks nehmen sie die Distanz zu Gott wahr. Dies geschieht dann auch ohne vorausgehende Schriftlesung – ganz unerwartet und spontan. Man darf annehmen, dass dieses plötzliche Bewusstwerden nicht menschlichen, sondern göttlichen Ursprungs ist.

In diesem fortgeschrittenen Zustand wirst du keine Betrachtungen über dich selbst mehr anstellen, sondern es reicht ein einziger Gedanke oder nur ein Wort aus, etwas nicht zu dir Gehörendes zum Schwingen zu bringen. Auf diese Weise verabschiedest du dich davon. Du brauchst nur das Wort »Sünde« oder ein ähnliches Wort zu denken und schon regt sich in dir und verabschiedet sich von dir etwas, das nicht zu dir gehört und jetzt dein Inneres befreit, um noch mehr Gnade aufzunehmen. Das in Schwingung Versetzen eines solchen Wortes bedeutet weder ein gedankliches Erschließen noch hat es etwas mit Betrachtung zu tun. Ein weiteres Nachdenken ist auch hier nicht gefragt. Zergliedere das Wort nicht und fächere es nicht auf, sondern lass es in seiner Ganzheit stehen.

Lass beim sanften Denken des Wortes »Sünde« alles in dir hochkommen, was hochkommen möchte, gehe aber keinem Gedanken während dieses Prozesses bewusst nach. Sei bei allem, was geschieht, ganz ruhig, denn es geschieht zu deinem Vorteil, nämlich zu deiner Befreiung. Schaute dir jemand zu, dann würde niemand etwas bei dir bemerken, keine Veränderung in deiner Haltung und keine außergewöhnlichen Bewegungen. Bei diesem inneren Reinigungsprozess hat ein Außenstehender das Gefühl, du befändest dich in einem Zustand ruhiger Gelassenheit – sei es im Sitzen, Stehen, Liegen oder Knien.

37. Kapitel

Das persönliche Gebet

Jemand, der sich auf diesem geistlichen Weg befindet, empfängt sowohl die Inhalte seiner Betrachtung als auch die seiner Gebete ganz spontan und von selbst. Damit sind die persönlichen Gebete und nicht die von der Kirche vorgeschriebenen gemeint. Wer in der tiefen göttlichen Ruhe beheimatet ist, hat keine besondere Vorliebe für einzelne Gebete; ihm sind sie alle gleich lieb. Die kanonischen Gebete aus dem Stundenbuch werden jedoch in der Form gebetet, die uns die heiligen Väter überlieferten. Die persönlichen Gebete dagegen strömen ganz von selbst und plötzlich Gott entgegen. Dies geschieht ohne jegliche Anregung oder Vorbereitung.

Wenn die persönlichen Gebete überhaupt in Worte gekleidet werden, dann sind es wenige Worte, die das Gebet ausmachen. Es ist gut, wenn es nur aus wenigen Worten besteht, denn sie entsprechen dem, was in der Tiefe des Geistes geschieht. Die Übung der »Wolke des Nichtwissens« und die damit verbundene Hingabe vollziehen sich ja nur in der Tiefe des Geistes und der Seele. Ein Beispiel soll dies belegen. Wenn jemand durch den plötzlichen Ausbruch eines Feuers überrascht oder durch den plötzlichen Tod eines Menschen erschüttert wird, dann stößt er spontan aus dem Innersten seiner Seele einen Schrei aus. In seiner Not vermag er nicht viele Worte zu machen und die Angst oder den Schmerz seiner Seele ausführlich zu erklären. Mit aller Macht bricht ein kurzer Schrei aus ihm hervor: »Feuer« oder »Nein«.

Dieser kurze Aufschrei verfehlt nicht seine Wirkung. Er erreicht die Ohren derer, die ihn hören, auf schnellstem Weg, sodass sie Hilfe leisten können. Genauso verhält es sich mit einem kurzen geistlichen Wort, dessen Wirkung wir durch dieses Beispiel besser verstehen können. Es wird weder ausgesprochen noch gedacht, sondern strömt aus der Tiefe des Geistes, wo es heimlich gebildet wird. Wir können auch von der Spitze des Geistes sprechen, denn im Bereich des Geistigen sind Höhe, Tiefe, Länge und Breite ein und dasselbe. Die Schwingung eines Wortes oder kurzen Verses dringt eher zu den Ohren des allmächtigen Gottes als ein langer Psalm, der gedankenlos aufgesagt wird. Ein kurzes, auf den Herrn ausgerichtetes Gebet, das des Öfteren wiederholt wird, dringt durch die Wolken bis zum Himmel.

38. Kapitel

Der Ruf aus ganzem Herzen

Wie ist es möglich, dass dieser kurze Gebetsruf bis zum Himmel dringt? Die Antwort: Hinter ihm steht das gesamte Sein des Menschen. Dieses Sein schließt unter anderem auch den gesamten Geist des Menschen ein – seine Höhe, Tiefe, Länge und Breite. Sie alle sind in unserem Gebet gegenwärtig.

- In der Höhe des Geistes entsteht das Gebet, weil die gesamte Kraft des Geistes darin enthalten ist.
- Das Gebet vollzieht sich aber auch in der Tiefe des Geistes, weil in diesem kleinen Wort alle geistigen Sinne enthalten sind.
- Es schwingt in der Länge des Geistes, denn solange der Mensch in Not ist, ruft er immer nur das eine Wort – wieder und wieder.
- In der Breite des Geistes ist das Gebet präsent, weil der Mensch das Gleiche, was er für sich selbst möchte, auch für andere Menschen erbittet.

In diesem Augenblick hat die Seele – wie vor ihr alle Heiligen – erkannt, was Paulus mit der Höhe, Tiefe, Länge und Breite des ewigen allliebenden, allmächtigen und allwissenden Gottes meint. *Durch den Glauben wohne Christus in euren Herzen, in der Liebe verwurzelt und auf sie gegründet. So sollt ihr mit allen Heiligen dazu fähig sein, die Länge und Breite, die Höhe und Tiefe zu ermessen und die Liebe Christi zu erkennen, die alle Erkenntnis übersteigt* (Epheserbrief 3,17–19a). Die Erkenntnis der Seele ist zwar noch nicht vollständig, doch teilweise und grundsätzlich, so wie es dem Geist der »Wolke des Nichtwissens« entspricht.

Damit du den Zusammenhang noch besser verstehst: Die Länge bedeutet die Unendlichkeit Gottes, die Breite symbolisiert seine Liebe, die Höhe seine Macht und die Tiefe seine Weisheit. Kein Wunder also, dass die Seele, die dem Bild ihres Schöpfers gleichgestaltet ist, bei Gott Gehör findet. Eine von Sünden belastete Seele kann durch Gnade dazu gelangen, dass durch nur ein Wort, welches sie der Höhe, Tiefe, Länge und Breite nach aus sich hinausschreit, von Gott erlöst wird. Gott wird auf diesen alles durchdringenden Schrei dem Menschen zur Hilfe eilen.

Das Gesagte soll noch einmal durch ein Beispiel verdeutlicht werden. Stell dir vor, du hörst mitten in der Nacht deinen ärgsten Feind aus dem Innersten seiner Seele verzweifelt das Wort »Feuer« oder »Hilfe« rufen. Aller Wahrscheinlichkeit nach wirst du, obwohl es dein schlimmster Feind ist, von Mitleid bewegt sein und ihm helfen. Selbst in tiefster Winternacht würdest du aufspringen und ihm helfen, das Feuer zu löschen oder ihn in seiner Bedrängnis zu beruhigen. Mein Herr und mein Gott! Wenn schon ein Mensch zu solchem Mitleid und Erbarmen seinem Feind gegenüber fähig ist, welch großes Mitleid und Erbarmen wird dann erst Gott einem geistigen Schrei der Seele entgegenbringen! Kann es da noch irgendetwas geben, das wir nicht von Gott erwarten dürfen, wenn der Ruf aus der Höhe, Tiefe, Länge und Breite unserer Seele kommt? Da es zu seinem Wesen gehört, wird Gott noch weitaus mehr Erbarmen und Mitleid zeigen als wir, die wir das Erbarmen durch Gnade geschenkt bekommen.

39. Kapitel

Was ist Gebet und wie ist es anwendbar?

Die Gebetsweise der »Wolke des Nichtwissens« erfolgt mit unserem ganzen Wesen und in einer umfassenden Dimension und mit der Höhe, Tiefe, Länge und Breite des Geistes. Dies geschieht nicht mit viel Worten, sondern nur mit einem einzelnen Wort. Dieser Ruf ist auf Gott ausgerichtet. Das eine Wort – wenn wir es auswählen – sollte dem Wesen des Gebetes am besten entsprechen. Doch zunächst die Frage: Was ist Gebet?

Beten ist seiner Natur nach nichts anderes als ein inniges und unmittelbares Ausgerichtetsein auf den Schöpfer, um teilzuhaben an seiner Güte und Böses zu meiden. Die Anrufung Gottes erfolgt weder mit vielen Worten noch mit Gedanken oder mit unserem Willen, sondern nur durch das einzige Wort »Gott« oder durch das Wort »Liebe«. Gott ist der Ursprung alles Guten, ja, das Gute und die Liebe selbst.

Ziehe eines von den beiden Worten allen anderen vor und verzichte auf die Möglichkeit, weitere Worte zu wählen oder gar auszutauschen. Diese beiden Worte sind allumfassend, denn sie beinhalten alles Gute und die Liebe selbst. Versuche nicht, irgendwelche anderen Worte zu finden, denn mit ihnen wirst du nicht leicht die »Wolke des Nichtwissens« durchstoßen können. Dieses Ziel erreicht man nicht durch eifriges Bemühen und Leistung, sondern nur durch Hingabe und Gnade. Nimm bitte keine anderen Worte für dein Gebet außer »Gott« und »Liebe«. Es kommt allerdings vor, dass der Herr dich eindeutig dazu auffordert, ein anderes Gebetswort zu wählen. Doch prüfe dies zusammen mit deinem geistlichen Begleiter; achte jedoch darauf, dass das Wort möglichst kurz ist.

Wenn auch empfohlen wird, nicht zu lange zu beten, so sollte doch regelmäßig gebetet werden (fünfzehn bis zwanzig Minuten – zweimal am Tag). Denn wie schon im 38. Kapitel gesagt wurde, betet man ja auch in der Länge des Geistes. Damit ist die Gebetszeit gemeint, in der mit Wiederholung des einen Gebetswortes gebetet wird. Die Menschen, die in unserem Beispiel »Feuer« oder »Hilfe« rufen, tun es so lange, bis ihnen in ihrer Bedrängnis geholfen wird.

40. Kapitel

Eine Übung zuvor

Wenn du im Gottesbewusstsein lebtest, wärst du frei von Sünde, und wenn du frei von Sünde wärst, lebtest du im Gottesbewusstsein. Um den Weg für eine Gottesbegegnung frei zu bekommen, ist eine Vorübung zur »Wolke des Nichtwissens« empfehlenswert. Sie wurde bereits im 36. Kapitel angesprochen und soll hier noch einmal vertieft und von der Hauptübung abgesetzt werden.

Nimm das Wort »Sünde« auf und wiederhole es langsam. Wenn sich dir die geistige Bedeutung dieses

Wortes öffnet – die Entfernung von der Nähe Gottes und Trennung von der Beziehung zu ihm –, nimm sie an, ohne konkret über Sünden nachzudenken. Wisse einfach, dass schon die geringste Sünde den Menschen von Gott trennt und ihm den inneren Frieden raubt.

Sprich dann in deinem Inneren Folgendes mehrmals aus: »Sünde, Sünde, weg, weg«. Dieser Schrei, der geistig ausgestoßen wird, ist dann am wirkungsvollsten, wenn er ohne gedankliche Konkretisierung und ohne sprachlichen Ausdruck vollzogen wird. Mit diesem Schrei kann sich dein Herz Luft machen und Körper und Seele spucken Trauer, Schmerz und Sünde aus.

Auf diesem Hintergrund der von Last befreiteren Seele folgt die Übung der »Wolke des Nichtwissens«. Setze dich, schließe die Augen und wiederhole das geheiligte Wort »Gott«. Lass es zu, dass dein Herz sich mit der geistigen Bedeutung des Wortes »Gott« füllt – ohne konkret an Gottes Werke oder an Wege, die zu ihm führen, zu denken. Wenn wir dem Herrn Zeit schenken und uns ihm öffnen, dürfen wir gewiss sein, dass Gott uns das zukommen lässt, was wir am nötigsten brauchen. Wenn wir auf diese Weise hingebungsvoll beten, erfahren wir etwas unendlich Großes, Gott, aus dem alles entsteht und lebt.

Nähern wir uns Gott – oder besser gesagt, nähert Gott sich uns –, schenkt sich uns die Fülle des fast Vollkommenen. Die Sehnsucht des Menschen ist nicht auf das Gute im Einzelnen gerichtet, sondern richtet sich nach dem generell Guten und das ist Gott. Mache dich auf diesen Weg und die Gnade wird dich unterstützen. Lass es zu, dass nichts anderes in deinem Bewusstsein und in deinem Wollen wirkt als Gott allein.

Solange du auf Erden lebst, wirst du immer sowohl die Sünde als auch die Möglichkeit zu sündigen in deinem innersten Wesenskern spüren. Daher vergiss nicht die Vorübung zur »Wolke des Nichtwissens« in der Überzeugung des ersten Satzes dieses Kapitels: Wenn du im Gottesbewusstsein lebtest, wärst du frei von Sünde, und wenn du frei von Sünde wärst, lebtest du im Gottesbewusstsein.

41. Kapitel

Das Eintreten in die Wolke wird maßlos sein

Wenn du fragst, welche besonderen Richtlinien oder welche Beschränkung oder welches Maß du bei der Übung der »Wolke des Nichtwissens« berücksichtigen sollst, so lautet die Antwort: Keine Richtlinie, keine Beschränkung und kein Maß sind erforderlich. In allen anderen Bereichen deines Lebens musst du Maß halten: im Essen und Trinken, im Aktivsein und im Schlafen, im Lesen und im allgemeinen Beten. Lass auch die Unterhaltung mit anderen nicht ins Uferlose gehen. Achte in allem auf das rechte Maß. In der Hingabe an Gott jedoch sei maßlos, das heißt, in der Übung der »Wolke des Nichtwissens« darfst du dir keine Beschränkung auferlegen. Lass den Herrn in dir wirken, wie es seinem Willen entspricht. Das bedeutet aber nicht, ständig in dieser Übung zu sein und alles andere zu vergessen. Dein Tun sollte in einem gesunden Wechsel mit deinem Nichtstun stehen, sodass du eine ausgewogene Harmonie spürst. Du darfst aber damit rechnen, dass eines Tages dich das Gottesbewusstsein nicht mehr verlässt, selbst wenn du voll aktiv bist.

Selbstverständlich unterliegst du auch Schwankungen, denn es wird dir nicht täglich die gleiche Kraft und Frische geschenkt. Da du in dieser sich ständig verändernden Welt lebst und ein Teil von ihr bist, werden Krankheiten, körperliche oder seelische Belastungen wie auch natürliche Bedürfnisse dich am Erfolg der Übung der »Wolke des Nichtwissens« hindern. Trotz allem, was in dir und mit dir geschieht: Du besitzt das Wissen und hast die Möglichkeit, jederzeit in diese Übung einzusteigen.

Achte darauf, dass dich keine Krankheit oder Störung befällt, die du verschuldet hast. Du darfst selbst nicht die Ursache für deine Unfähigkeit werden, das Gebet der Hingabe zu beten. Ein geistliches Leben zu führen, erfordert viel ungestörte Ruhe und Stille und eine ungeteilte körperliche und seelische Bereitschaft.

Allein um diese körperliche und seelische Konstitution aufrechtzuerhalten, müssen wir in allen Dingen des Lebens maßhalten, um in der Hingabe an Gott maßlos zu sein. Halte dich so gesund wie eben möglich. Und wenn eine Krankheit dich befällt, sei geduldig und erbitte das Erbarmen Gottes. Es ist sogar möglich, dass deine in Geduld ertragene Krankheit wie auch andere Anfechtungen, denen du widerstehst, Gott unter Umständen besser gefallen als deine Hingabe, zu der du fähig bist, wenn du dich gesund fühlst.

42. Kapitel

Wer in der Übung der »Wolke« maßlos ist, findet in allem anderen das rechte Maß

Denke nicht viel darüber nach, wie du im Essen, Trinken, Schlafen und in allem anderen Maß halten kannst. Wende dich dem Höchsten und damit der Übung der »Wolke« zuerst zu und alles andere wird dir zufallen. Diesen Schritt solltest du unbegrenzt vollziehen, das heißt, maßlos. Wenn du dich liebevoll in die Gegenwart Gottes versenkst, wirst du in allem anderen, was nicht Gott ist, das rechte Maß finden. Gibst du Gott in dir Raum und schenkst ihm täglich die entsprechende Zeit, wirst du spüren, dass du in all deinen anderen Tätigkeiten weniger Fehler machst. Gibst du jedoch das Gehen deines geistlichen Weges wieder auf, läufst du Gefahr, den dir von Gott zugedachten Lebensweg zu verfehlen.

Spüre ich im Tiefsten meines Inneren, das heißt, in meiner Seele, eine Sehnsucht nach dem geistlichen Weg der »Wolke«, darf ich sicher sein, dass ich dem Essen, Trinken, Schlafen, den Gesprächen und allen äußeren Tätigkeiten keine besondere Beachtung mehr schenke. Ich darf darauf hoffen, zur rechten Zeit das

Rechte zu tun und zu sagen. Die Übung der Ganzhingabe schenkt mir derart viel an Gutem, das ich durch meinen Willen und durch meine Konzentration niemals erreicht hätte. Aus mir selbst könnte ich nicht viel dergleichen zustande bringen.

Sollen die Leute um dich herum auch sagen, was sie wollen, höre nicht auf sie, sondern auf das, was dich die Erfahrung auf deinem geistlichen Weg lehrt. Das Bekenntnis und das Zeugnis, das du ablegst, ist wahrer und glaubwürdiger als alles Gerede über dich. Bleibe in der Übung der Hingabe und vergiss nicht, sie hin und wieder mit dem inneren Ruf »Sünde« zu beginnen und dann zu »Gott« überzugehen. Ihm möchtest du dich nähern und die Sünde loswerden. Mit dieser Einstellung und mit dieser Vorgehensweise wird die Sünde dich nicht mehr in ihren Bann ziehen. Wenn sie jedoch bei dir noch aktuell ist – anstatt Gott ganz und gar zu besitzen –, wird dir der Herr helfen und dir die notwendige Unterstützung gewähren.

43. Kapitel

Von sich selbst Abstand nehmen

Die Übung der »Wolke des Nichtwissens« ist darauf angelegt, dass alle Aktivität in deinem Verstand und deinem Willen aufhört und nur Gott allein in dir wirkt. Indem du von dir selbst absiehst, wird jede Bewusstheit und Empfindung von allem, was geringer als Gott ist, aufgelöst. Jeder Gedanke und alle Erkenntnis werden tief unter die »Wolke des Vergessens« gebracht. Du bist auf dem Weg, nicht nur alle Geschöpfe und das, was außerhalb von dir geschieht, zu vergessen, sondern in gleicher Weise dich selbst, dein Tun und alles, was in dir abläuft. Lass es Gott zuliebe geschehen. Es gehört zum Wesen eines vollkommen Liebenden, dass er nicht nur die geliebte Person mehr als sich selbst liebt, sondern sich selbst ganz und gar um des Geliebten willen vergisst.

Lass es dir noch einmal gesagt sein: Kümmere dich nicht um deine Gedanken, die in dir aufsteigen, nicht um das, was in deinem Verstand und in deinem Willen wirkt, sondern nimm das Wort »Gott« oder »Liebe« auf und wiederhole es innerlich. Es muss dir allein um Gott gehen, und was Gott nicht ist – was immer es sei –, steht als Hindernis zwischen dir und deinem Gott. Du wirst erleben, wie gern du von dir selbst Abstand nimmst, da sich sonst deine Sündhaftigkeit wie eine dunkle, zähe Masse zusätzlich zwischen dich und Gott schiebt. Dieses Hindernis ist deinem Ego zuzuschreiben, das sich gern in den Mittelpunkt von allem stellt.

Geh den Gedanken an die vielen Dinge nicht nach; beachte nichts, besonders lass dein eigenes Ich außer Acht. Es ist wesentlich leichter, die vielen Dinge und Geschöpfe unbeachtet zu lassen als sich selbst. Du wirst diese Erfahrung machen: Du wirst leichter all deine Gedanken und alles, was du je getan hast, unter die »Wolke des Vergessens« bringen als die Wahrnehmung und das Bewusstsein von dir selbst. Es stellt sich als Hindernis zwischen dir und Gott dar. So musst du auch das Empfinden deines eigenen Selbst in der Übung der »Wolke des Nichtwissens« hingeben, bevor sich dir Gotteserfahrung schenkt.

44. Kapitel

Grenzen des Ego überschreiten

Du magst mit Recht fragen, wie es möglich ist, dein Wachbewusstsein und damit auch die Empfindung deines eigenen Seins zu überschreiten. Vielleicht denkst du, dass mit der Transzendenzerfahrung alle Hindernisse in dir beseitigt wären. Im Grunde hast du mit dieser Annahme recht – vorausgesetzt diese Erfahrung hat Bestand. Eines solltest du jedoch wissen: Ohne die besondere Zuwendung und Hilfe Gottes – es ist die von ihm nach freiem Ermessen erteilte Gnade – und ohne deinen Wunsch, diese Gnade auch zu empfangen, ist ein Überschreiten deines Wachbewusstseins nicht möglich. Damit ist das natürliche Eintauchen in das Schlaf- und Traumbewusstsein nicht gemeint.

Die innere Haltung, die du brauchst, um die Hilfe Gottes annehmen zu dürfen, ist innere Demut und Bescheidenheit. Die oftmals mit der Demut einhergehende »Trauer« darf weder deinen Geist noch deinen Körper erfassen. Demut kannst du in deinem Alltag ständig üben, sodass du die durch sie gewonnene Haltung mit in die »Wolke des Nichtwissens« hineinnehmen kannst. Mit Trauer ist hier das Empfinden über den Verlust des Einsseins mit Gott gemeint – eine natürliche Wahrnehmung, die jeder Mensch früher oder später erfährt.

Setze dich zum Üben der »Wolke des Nichtwissens« mit geschlossenen Augen still hin. Rufe Gott, deinen Schöpfer, liebevoll an; er befreit dich von Ballast und erfüllt dein Inneres mit Gnade.

Aber auch deine Demut und die Trauer darüber, dass du mehr oder weniger von Gott getrennt bist, befreien dich von unliebsamen Hindernissen. Die damit verbundene befreiende Freude lässt uns von der Wahrnehmung von uns selbst absehen und die damit verbundenen Grenzen überschreiten. Tief innen werden wir von einem heiligen Verlangen nach Gott ergriffen. Gib dieser Sehnsucht nach und du erkennst, dass du auf dem richtigen Weg, auf dem geistlichen Weg zu Gott, unterwegs bist. Diese Sicherheit gibt dir Kraft, Defizite und Fehler, die dir beim Erkennen deiner selbst aufgehen, anzunehmen und darauf zu hoffen, dass sie durch Gottes Hilfe ausgeglichen werden. Ebenso geht auch die Trauer, von Gott getrennt zu sein, in Freude über, wenn du eine größere Nähe Gottes empfindest.

Du musst das wissen, denn die Erfahrung lehrt dich zunächst, dass dich dein Ich festhält und daran hindert, Gott zu erkennen und zu erfahren. Dies löst solange Trauer aus, bis du gelernt hast, die Grenzen deines Ichs zu überschreiten und in die »Wolke des Nichtwissens« einzutreten. Denke daran und hoffe darauf, dass es auch dir, wie einstmals Mose auf dem Berg Sinai, vergönnt ist, vom Berg der Vollkommenheit im rechten Leben unterwiesen zu werden.

Die Distanz, die der Mensch zwischen sich und seinem Schöpfer fühlt, darf nicht zu einer verzweifelten Trauer führen, sodass der Mensch sich dagegen aufbäumt und sich selbst als schwere Last erlebt. Trotz dieser Trauer, die viele Menschen empfinden, hat der Mensch nicht das Verlangen, gar nicht zu existieren oder seinem Leben ein Ende zu machen. Das wäre Gotteslästerung und Entehrung Gottes. Trotz der unterbrochenen Verbindung zum Schöpfer freut sich der Mensch und dankt Gott, dass er lebt, dass ihm Zugänge zur Gnade eröffnet werden und er sein Leben als großes Geschenk erfahren darf. Gleichzeitig sehnt sich der Mensch jedoch danach, von allen seinen Hindernissen seines Ego befreit zu werden.

Mag das Gesagte für viele Leser auch zu theoretisch klingen: Die Trauer und die damit verbundene Sehnsucht muss jeder Mensch auf seine eigene Art einmal durchmachen, das heißt, erleben und fühlen. Es hängt ganz und gar von Gott ab, welche Wege er uns führt mit Rücksicht auf unsere körperliche und seelische Belastbarkeit und unsere jeweilige Gesamtverfassung. Eines dürfen wir sicher sein: Die vollkommene und alles erfüllende Liebe ist uns sicher, so wie man sie unter irdischen Bedingungen von Gott geschenkt bekommen kann.

45. Kapitel

Ungeahnte Täuschungen können sich einstellen

Es ist bekannt, dass auf dem geistlichen Weg gerade Anfänger ungeahnten Täuschungen erliegen können. Man sollte in jedem Fall um die Gabe der Unterscheidung bitten und sich geistlichen Rat holen. Fehler in einer so subtilen Übung wie der »Wolke des Nichtwissens« können die Gesundheit schädigen und geistige Verwirrung stiften. Diese Irrtümer entstehen aus:
- einem Üben im Alleingang
- Besserwisserei
- Sucht nach inneren Erlebnissen
- Überschätzung der eigenen Kräfte
- Vermessenheit

Täuschungen können leicht entstehen, wie das folgende Beispiel zeigt: Eine junge Frau oder ein junger Mann haben sich für den geistlichen Weg der »Wolke des Nichtwissens« entschieden. Sie erfahren aus dieser Schrift, in einem Gespräch oder einem Vortrag von der im vorhergehenden Kapitel erwähnten »Trauer« und der damit verbundenen Sehnsucht. Sie hören, dass man sein Herz zu Gott erheben soll, um die Liebe Gottes zu fühlen. Da viele Anfänger geistig noch nicht wach, sondern eher blind sind, verstehen sie diese Worte nicht geistig-geistlich, sondern wörtlich. Anstatt ruhig zu Empfangenden zu werden, strengen sie sich bis zum Äußersten an, alles zu verstehen und gleich praktisch umzusetzen.

Durch falsch verstandene Sicherheit und den Mangel an durch Hingabe geschenkte Gnade entsteht für Körper, Geist und Seele eine Überforderung, die in völliger Erschöpfung mündet. Erholung wird dann meist im billigen Vergnügen gesucht. Da den meisten Anfängern das geistig-geistliche Verstehen noch fehlt, vergewaltigen sie durch falsche Behandlung Körper, Geist und Seele. Auch kann der Widersacher hier eine böse Rolle spielen, indem er unlautere Erfahrungen und Empfindungen aufkommen lässt, von denen aber der Übende eine gute Meinung hat. Letztlich aber ist deren Quelle Stolz, Überheblichkeit, Gier und ungezügelter Wissensdrang.

Auf diesem trügerischen Hintergrund zu glauben, man hätte die Gnade und die Güte des Heiligen Geistes empfangen, ist ein großer Irrtum und eine Täuschung. Aus dieser Fehleinschätzung entsteht viel Unheil und geistige Verwirrung. Ohne es zu merken, befindet man sich bereits in der Schule des Teufels. Auf eine pseudomystische Erfahrung folgt bald eine falsche Erkenntnis, genau wie eine echte mystische Erfahrung in der Schule Gottes eine wahre Erkenntnis bringt. Warum sollte nicht auch der Teufel seine »geistlich« orientierten Anhänger haben, wie sie ja auch Gott im wahrsten Sinne hat. Eine Täuschung durch falsch gesteuerte Erfahrung und die daraus entstehende falsche Erkenntnis hat die verschiedensten Ausprägungen. Diese wiederum sind abhängig von der Veranlagung dessen, der sich täuschen lässt, von seinem Nervensystem und seiner Mentalität. Abgesehen von dieser negativen Prägung durch fehlgesteuerte Erfahrung und Erkenntnis haben auch die in Gott Ruhenden Erfahrungen und Erkenntnisse verschiedenartiger Ausprägungen.

Mit dem Einfachen nicht richtig umgehen zu können, alles besser zu wissen und keine demütige Haltung zu zeigen, sind Eigenschaften, die zu schweren Täuschungen führen. Pass auf dich auf und besprich dich mit deinem geistlichen Begleiter. Sei dir der Gefahr bewusst, vom Weg abzukommen und großen Täuschungen zu erliegen, wie es sogar viele berühmte Gelehrte, Männer und Frauen, erlebt haben und – ohne es oftmals zu bemerken –, auf einen falschen Weg gerieten. Die kurzen Erwähnungen dieser Täuschungen reichen völlig aus, um die Gefahren aufzuzeigen. Es nutzt dir nichts, mehr darüber zu erfahren. Sei dir gegenüber achtsam und bleibe mit deinem geistlichen Begleiter – vornehmlich aber mit Gott – in gutem Kontakt.

46. Kapitel

Bei Anstrengung hagelt es Steine

Eine wichtige Weisung, die bei diesem Werk – Übung der »Wolke« – nicht oft genug betont werden kann: Sei wach und achtsam, übe aber nicht krampfhaft. Gib deinen Willen auf und strenge dein Herz nicht an; du musst nichts leisten. Vermeide jegliche Kraftanstrengung, denn je sanfter du übst, desto demütiger und innerlicher ist dein Gebet. Je anstrengender du vorgehst, desto mehr bleibst du in den nichtssagenden geistigen Niederungen verhaftet. Jeder, der sich anmaßt, den hohen Berg der Vollkommenheit durch seinen Willen und durch Anstrengung zu erklimmen, wird von dort mit Steinen vertrieben. *Keine Hand soll den Berg berühren. Wer es aber tut, soll gesteinigt oder mit Pfeilen erschossen werden* (Exodus 19,13a).

Steine sind ihrer Beschaffenheit nach hart und trocken. Sie können große Verletzungen hervorrufen, wenn man jemand mit Steinen bewirft. Im übertragenen Sinn sind sie durch ihre Härte ein Bild für jegliche Anstrengung und Übertreibung beim Beten. Da sie total ausgetrocknet sind, kann man dieses Bild auch anwenden für das Fehlen der göttlichen Gnade, die mit frischem Tau verglichen wird. Die Anstrengung beim Beten verletzt die Seele und führt sie in eine gewisse Gefangenschaft, die ihr von ihren geistigen Feinden als erstrebenswert vorgespiegelt wird.

Sei also achtsam und lerne durch oftmalige Wiederholung deines Gebetswortes auf sanfte und hingebungsvolle Weise, dich in die Liebe Gottes fallen zu lassen. In dieser unverkrampften Haltung für Körper, Geist und Seele übst du Geduld und Demut, indem du Gottes Wirken in dir zulässt. Greife nicht ein und fahre nicht auf wie ein hungriger Windhund – magst du auch noch so hungrig sein in deinem Geist. Vertraue auch in diesen feinen und sensiblen Ebenen der Seele ganz und gar auf Gott und nicht auf dein eigenes Wissen und Gefühl. Auch deine Seele muss kultiviert und von Ballast und allen Schatten befreit werden. Dies kann nur durch völlige Hingabe an den Willen und die Liebe Gottes geschehen.

Vielleicht wendest du ein, dass vieles oftmals wiederholt und zu kindlich ausgesprochen wird. Ja, du hast recht. Wer aber den Worten folgt und den geistlichen Weg der »Wolke des Nichtwissens« beschreitet, wird erleben und die beglückende Erfahrung machen, dass, je näher wir in die Gegenwart Gottes kommen, alles einfacher, liebevoller, ja, kindlicher und sanfter wird. Ohne etwas dafür tun zu müssen, wird durch Gottes Zuwendung die menschliche Seele leicht. Leben gestaltet sich auf dieser Ebene als ein ewiges Empfangen göttlicher Liebe. Wie ein Vater oder eine Mutter ihr Kind liebkosen, so wird auch Gott jeden auf seine Arme nehmen und küssen, damit er glücklich sei. Mit Banden der Liebe zieht der Herr die menschliche Seele an sich. *Ich war da für sie wie die, die den Säugling an ihre Wangen heben. Ich neigte mich ihm zu und gab ihm zu essen* (Hosea 11,4).

47. Kapitel

Dem rein geistigen Bereich den Vorrang geben

Kümmere dich auf der groben Ebene nicht so sehr um die Sehnsucht deines Herzens nach Gott. Konkretisiere sie nicht vor ihm. Du darfst sicher sein, dass Gott deine Sehnsucht eher und besser sieht und auch schneller stillt, als du sie wahrnehmen kannst. Indem du nicht selbst Gott das Verborgene deiner Innerlichkeit präsentierst, sondern dein Ich bescheiden zurücknimmst, wirst du durch ihn aus der groben Natur deiner Wahrnehmungen und sinnlichen Empfindungen in die Tiefe und Klarheit geistiger Erfahrungen geführt. Dies geschieht dann losgelöst von allen Bindungen zwischen deinem Geist und deinem Körper. Wenn du von dir absiehst und dich hingebend ganz dem Schöpfer zuwendest, entsteht schneller und tiefgreifender das geistige Band glühender Liebe zwischen dir und deinem Gott. Du spürst, wie dein Wille zu seinem Willen wird und sein Wille zu deinem.

Gott ist Geist. Wer mit ihm vereint sein möchte, kann es nur im Geist und in der Wahrheit. *Gott ist Geist und alle, die ihn anbeten, müssen im Geist und in der Wahrheit anbeten* (Johannes 4,24). Im Geist und in der Wahrheit geschieht die Anbetung im tiefsten Grund der Seele – vollkommen losgelöst von jeder sinnlichen Wahrnehmung und Empfindung, die trügerisch sein können. Wir dürfen davon ausgehen, dass Gott alles bekannt ist und dass seiner Erkenntnis nichts verborgen bleibt, ob Sichtbares oder Unsichtbares. Da Gott Geist ist, erkennt er deutlicher, was in der Tiefe unseres Geistes verborgen ist, als etwas, das noch mit Körperlichkeit behaftet ist. Denn alles Körperliche ist von Natur aus wesentlich weiter von Gott entfernt als Geistiges.

Daraus wird deutlich: Solange unsere Sehnsucht noch irgendetwas Körperliches an sich hat – wir sind zum Beispiel während der Hingabe an Gott noch emotional –, sind wir weiter von Gott entfernt, als wenn sich unser Gebet im Grund und in der Armut des Geistes vollzieht, in wahrer Demut und ungetrübter Sehnsucht.

Vieles Konkrete und all das, was mit deinem Körper zu tun hat, brauchst du nicht vor Gott auszubreiten, doch deine Sehnsucht verbirg vor ihm nicht. Lass ihr freien Lauf, denn sie letztlich daran zu hindern, ist sowieso undurchführbar. Deine individuellen Wünsche, vor allem aber auch deine Erwartungen, gehören nicht in die Tiefe eines solchen Betens. Werfe einfach den Liebesimpuls in deinen Seelengrund und lass ihn dort versinken. Wenn wechselnde Gefühle oder Erwartungen mit im Spiel wären, so würden sie diesen geistigen Vorgang ungut beeinträchtigen und damit die Distanz zu Gott vergrößern. Je geistiger du bist und je weniger Sinnliches deine Seele in sich hat, desto näher bist du bei Gott. Er erkennt dich und hat unendliche Freude an dir. Gottes Erkennungsvermögen hängt nicht von der Klarheit oder Undeutlichkeit von etwas ab – es bleibt stets unverändert. Deine Seele jedoch besitzt eine größere Gottähnlichkeit, wenn sie sich auf der Ebene des reinen Geistes befindet, denn Gott selbst ist Geist.

Sei vor Gott zurückhaltend mit deiner Sehnsucht und breite sie nicht in allen Einzelheiten vor ihm aus. Viele Menschen neigen dazu, etwas wörtlich aufzufassen, was in geistiger, symbolischer Bedeutung gemeint ist. Daher ist es nicht gut, dem Herrn in voller Breite deine Sehnsucht zu zeigen, weil dies noch auf einer zu menschlichen und körperlichen Ebene geschieht. Es mischt sich deine Körpersprache ein, deine Stimme, deine Worte, diese oder jene körperliche Gebärde, wenn du einem Menschen zeigen willst, was sich in deinem Inneren verbirgt und bewegt. Das Gebet jedoch, das sich als Liebesimpuls auf den Schöpfer richtet, ist mit dieser Beimischung des Körperlichen nicht geistig und nicht hingebend genug. Erkenne den Unterschied in der Art und Weise, wie man den Menschen etwas zeigt und wie man Gott etwas zeigen muss.

48. Kapitel

Beten mit Leib und Seele

Durch die ständige Betonung der Übung der »Wolke des Nichtwissens« sollst du aber nicht abgehalten werden, auch mündlich zu beten, wenn du das Bedürfnis hast, zu Gott wie zu einem Menschen zu sprechen. Du kannst mit zärtlichen Ausdrücken dein Gebet beginnen: »Guter Herr Jesus«, »Liebster

Jesus« ... Auf diese Weise betest du mit Leib und Seele, die du nicht trennst, da sie Gott selbst zusammengefügt hat. Mit dem mündlichen Gebet dienst du Gott mit Leib und Seele. So wird der Herr den Menschen auch einmal mit Leib und Seele an der himmlischen Seligkeit teilnehmen lassen.

Bereits in dieser Welt ist es möglich, dass Gott die Sinne derer mit himmlischer Seligkeit entflammt, die ihm folgen und ihnen unaussprechliches Glück und geistige Freude zuteilwerden lässt. Die meisten dieser Gaben kommen nicht von außen durch die Tore unserer Sinne, sondern entstehen im Inneren des Menschen aus einem Übermaß an geistlicher Freude und aus wahrer Hingabe der Seele. Diesem überwältigenden Empfinden an Glück und Glückseligkeit darf man wohlwollend und dankbar begegnen – ohne Zweifel, Misstrauen und Argwohn.

Viele angenehme Erlebnisse und Empfindungen, die dir von außen begegnen, wie zum Beispiel das Hören von Klängen, Wahrnehmen von Stimmen und generell Erfahrungen der Freude, beurteile erst einmal mit Misstrauen und Vorsicht. Sie können echt sein, wenn sie von einem guten Engel stammen, sie können aber auch gefälscht sein, wenn sie von einem bösen Engel kommen. Richtest du dich nach den Weisungen zur Übung der »Wolke des Nichtwissens«, werden die falschen Wahrnehmungen keine schlimmen Folgen haben. Oftmals entstehen diese Täuschungen aus geistiger und körperlicher Überanstrengung, aus extremem Denken und falschem Einsatz unserer Willenskraft. Bei Anwendung unserer geistlichen Übung schwinden sie sofort, denn durch unseren zarten Liebesimpuls, den wir auf Gott hin aussenden, treffen wir auf Klarheit tief im geläuterten Geist. Diese ist von Gott selbst gebildet und daher frei von allen Täuschungen, Wahnvorstellungen und falscher Meinung. Wer allerdings die Möglichkeit nicht hat, so weit in die Tiefe zu gehen, läuft Gefahr, diesen Täuschungen zu erliegen.

Halte dich nicht mit der Frage auf, ob die Klänge, die du hörst, die Stimmen und sonstigen Wahrnehmungen echt oder Täuschungen sind. Tausendmal besser als alle erklärenden Worte sind deine praktischen Erfahrungen auf dem geistlichen Weg. Die Übung der »Wolke des Nichtwissens« ist das Wertvollste, was du besitzt. Lass daher, wenn es dir eben möglich ist, keine Hinwendung zu Gott aus, die aus einem Impuls wahrer Liebe besteht. In diesem Licht der Liebe wirst du eindeutig und ohne jeglichen Zweifel erkennen, ob die sich zeigenden Erlebnisse hilfreich oder trügerisch sind.

Am Anfang deines geistlichen Weges werden dich diese Erfahrungen überraschen, weil sie neu und ungewohnt für dich sind. Lass alles Denken beiseite und wende dich immer wieder der hingebenden Übung zu, die dich auf Gottes Liebe ausrichtet. Allein durch sie wirst du ganz von selbst die Wahrheit erfahren, indem du im Tiefsten deines Inneren durch Gottes Geist die Echtheit dieser Wahrnehmung oder eine Täuschung erkennst. Es ist empfehlenswert, dich zusätzlich mit deinem geistlichen Begleiter zu beraten.

49. Kapitel

Das Wesen des geistlichen Lebens ist mit himmlischer Freude verbunden

Wende die geistliche und gleichzeitig demütige Übung der »Wolke des Nichtwissens« regelmäßig in deinem Leben an. Du kannst dem, was aus ihr entsteht, bedenkenlos in diesem Leben folgen und sicher sein, dass du zur Seligkeit im künftigen Leben geleitet wirst. Dieses Gebet der Hingabe an die Liebe Gottes ist die Mitte eines vollkommenen Lebenswandels. Ohne Hingabe an den Willen und die Liebe Gottes oder ohne ein Versenken in sie kann kein Lebenswerk eines Menschen begonnen, gut geführt und erfolgreich vollendet werden. Die Liebe kann sich jedoch erst richtig entfalten, wenn der göttliche Wille mit unserem Willen völlig übereinstimmt. Unser ganzes Wesen stimmt dem freudig zu, und das auch zu allem, was der Herr tut.

Die Übereinkunft des Willen Gottes mit dem menschlichen Willen ist Voraussetzung aller Vollkommenheit. Alles, was wir an Freude erfahren – sei es geistiger oder körperlicher Art –, ist nichts gegen die Freude unserer Seele, wenn sie sich in seinem Willen und seiner Liebe geborgen weiß. Nebensächliche Freuden sind diejenigen, auf die man verzichten kann, ohne dass sich in unserem Leben etwas ändert. Die Einheit unseres Willens mit dem Willen Gottes hängt nicht davon ab, ob man die schnell vergehenden und nebensächlichen Freuden hat oder nicht hat. Dies alles bezieht sich auf unsere augenblickliche Lebenswirklichkeit.

Anders ist es jedoch in der himmlischen Wirklichkeit, die wir auch Seligkeit nennen dürfen. Die hier aufkommende Freude ist mit dem Wesen des geistlichen Lebens untrennbar verbunden, wie ja auch in der diesseitigen Welt der Körper mit der Seele verbunden ist. Wahre Freude und wohltuende Empfindungen sind auch hier möglich, wenn wir und all das, was wir tun, mit dem göttlichen Willen übereinstimmen. Wer diese vollkommene Einheit auf Erden lebt – soweit dies überhaupt möglich ist –, kann auf jegliche Freude oder Glücksempfindung, die das Leben uns schenken könnte, gut und gern verzichten. Dies setzt voraus, dass Gott es wünscht.

50. Kapitel

Göttliche Gnadenzuwendungen sind unberechenbar

Bei der Übung der »Wolke des Nichtwissens« steht der kleine Impuls der Liebe, die wir in nur einem Wort auf Gott richten, ganz im Mittelpunkt unseres Wesens und unserer Achtsamkeit – das heißt, wach zu sein ohne jegliche Konzentration. Alles, was sich zeigt, kommt und geht, dürfen wir nicht festhalten und in nichts einsteigen – selbst wenn damit körperliche oder seelische Erlebnisse und Empfindungen verbunden sind, mögen sie noch so schön oder heilig sein. Wenn du dich ihnen überlässt, kommst du sofort vom Weg ab und vergeudest viel Kraft.

Es darf auch nicht vorkommen, dass du durch zwischenzeitliche gute Empfindungen auf die Idee kommst, Gott ihretwegen zu lieben. Ob dies der Fall ist, kannst du sofort prüfen: Ärgerst du dich darüber, falls die guten Empfindungen schwinden, dann ist deine Liebe noch nicht groß, selbstlos und vollkommen genug. Denn die wahre und nach Vollkommenheit strebende Liebe hinterlässt keinen Unmut, wenn sie nach dem Willen Gottes darauf verzichten muss, für Leib und Seele Kraft und Trost zu finden. Die Seele ruht so oder so in Gott und weiß sich durch ihn reich beschenkt.

Diese Empfindungen der tieferen und echten Freude wird manchem häufig, manchem selten geschenkt. Menschliches Ermessen ist hier kein Maßstab, sondern der umsichtig ordnende Plan Gottes, der dem Menschen das zukommen lässt, was ihm nutzt und was er braucht.

- Manche Menschen sind so schwach und besonders seelisch so zart besaitet, dass sie den Belastungen und Versuchungen nicht gewachsen sind, falls sie keine gnadenhafte Unterstützung bekommen.
- Andere sind durch die Schwäche ihres Körpers angreifbar. Durch liebende Zuwendung stärkt sie der Herr.
- Im Gegensatz dazu gibt es wieder andere, die durch die Versenkung so stark in ihrem Geist sind, dass sie keiner zusätzlichen Tröstungen bedürfen. Ihnen

genügt der Liebesimpuls und die Hingabebereitschaft des eigenen Willens, um daraus reife Erfüllung zu schöpfen. Sie bedürfen keiner zusätzlichen Stärkung.

An welchen von diesen Menschen der Herr das größere Wohlgefallen hat, weiß nur allein er.

51. Kapitel

Geistiges Verstehen setzt Erfahrung voraus

Überlasse dich während des Betens dem Strom der Liebe deines Herzens. Und sei der Impuls auch noch so klein: Sende ihn aus und gib ihm freien Lauf. Vieles von diesen Weisungen ist nur geistig zu verstehen, so auch das Herz, das du dir in diesem Zusammenhang nicht konkret vorstellen darfst. Konkrete sinnliche Vorstellungen führen zu falschem Verständnis – vornehmlich bei denen, die fantasiereich sind und eine lebhafte Einbildungskraft besitzen.

Du erinnerst dich: Diesen Impuls der Liebe, mit der du der Sehnsucht deines Herzens nachgehst, solltest du vor Gott nicht breit ausfächern. Laufe nicht Gefahr, diesen Impuls konkret zu verstehen und dich an aufkommenden Bildern festzuhalten. Bei der Bitte, ihn Gott darzulegen, hättest du ihn unweigerlich leiblich verstanden. Dies tue unter keinen Umständen und halte dich zurück, sodass das Sichversenken in den

Seelengrund ganz von selbst geschehen kann. Worte, die im geistigen Sinn gesagt werden, darf man keinesfalls konkret auffassen, nicht sinnbildlich, sondern geistig.

Dies gilt zum Beispiel besonders bei den Worten »nach innen«, »hinauf« oder »empor«. Aus dem Missverständnis dieser und ähnlicher Wörter entsteht viel Irrtum und Selbsttäuschung gerade bei den Menschen, die sich erst kürzlich zu diesem geistlichen Weg entschlossen haben. Viele, die sich in die Schule Gottes begeben, meinen, sie führten bereits ein geistliches Leben. Sie haben andere davon reden hören oder selbst etwas darüber gelesen. Sie nehmen zum Beispiel die Weisung wahr, dass man alle Sinne und jegliche Wahrnehmung »nach innen« wenden und sich über sich selbst erheben soll. Wie kann jemand so etwas verstehen, der noch über keine Erfahrung in dieser Richtung verfügt? Hier können bereits erhebliche Missverständnisse auftreten. Oft kommt noch ein maßloser Drang hinzu, etwas begreifen zu wollen, etwas herauszufinden, was noch im Inneren verborgen und noch nicht reif ist. Dieses Verlangen kann als Ruf Gottes total missverstanden werden.

Wenn jemand dann hartnäckig an seiner Überzeugung festhält, wird er auch für seinen geistlichen Begleiter kein offenes Ohr mehr haben – ganz gleich, wozu er ihm rät. Oft hört man dann Menschen aus ihrer Enttäuschung heraus sagen: »Ich konnte leider keinen Menschen finden, der mich voll und ganz versteht.« Aus einer gewissen Verärgerung und gleichzeitig aus Überheblichkeit heraus beginnt dann jemand mit dem geistlichen Weg der »Wolke des Nichtwissens« spontan und viel zu früh, ohne die Anwege zu kennen und zu erfahren, was die »Wolke des Vergessens« bedeutet und wie diese Vorübung anzuwenden ist. Das, was er tut, ist für ihn weder körperlich noch geistig nutzbringend, sondern ganz und gar gegen seine Natur, das heißt, gegen seine leib-seelische Verfassung.

Man darf annehmen, dass der göttliche Widersacher als eigentlicher Verursacher dahintersteht. So ist es abzusehen, dass jemand, der einen so gewaltsamen Weg geht, sich selbst zugrunde richtet. Dies geschieht aus reiner Unvernunft, aus Verbohrtheit und Ichsucht anstatt aus Demut und Weisheit, die uns die Väter überliefert haben. Lassen wir daher einen Menschen, der den geistlichen Weg der »Wolke« gehen möchte, durch einige notwendige Prüfungen gehen. Die Verantwortung, die wir für ihn mittragen, ist groß. Wendet er sich aus Eigensinn ab und geht andere Wege, können sie Desorientiertheit, ja, sogar Wahnsinn bei ihm auslösen. Oft bemerkt er sein Fehlverhalten zu spät, wenn er sich gewaltsam und willentlich zwingt, ununterbrochen an nichts anderes als an Gott zu denken.

52. Kapitel

Missverständnisse und ihre verheerenden Folgen

Man muss wissen, wie man die Übung der »Wolke des Nichtwissens« vollzieht, um sie auch richtig anwenden zu können. Wer aber nur die Weisung hört, das nach außen gerichtete Wirken der Sinne nach innen zu lenken, ohne praktisch angeleitet zu werden, macht Fehler über Fehler. Sie richten auf widernatürliche Weise ihre körperlichen Sinne in das Innere ihres Körpers und versuchen, mit den leiblichen Augen nach innen zu schauen, mit den Ohren in dieser Richtung etwas zu hören, etwas zu riechen, zu schmecken und zu fühlen. Damit kehren sie auf unnatürliche Weise ihre Sinneswahrnehmung um, zwingen ihren Willen zu etwas und benutzen ihre Vorstellungskraft, um gewaltsam etwas zu erkennen. Dass dadurch ein gesunder menschlicher Organismus krank wird, ist verstehbar.

Derjenige, der mit einer so guten Absicht und einem so guten »Willen« begonnen hat, ist durch den Einfluss dunkler Kräfte eigenwillig geworden und hat sich von Gott entfernt. Er erliegt einer irreführenden Wahrnehmung: Licht- und Klangphänomene entzücken seine Augen und Ohren; wohlriechende Düfte umgeben ihn, ein wunderbarer Geschmack bildet sich in seinem Mund und ein Glühen und Brennen überkommt ihn in den inneren Organen, in der Brust, im Rücken, in den Lenden und den Geschlechtsorganen.

Das Schlimme daran ist, dass diejenigen, die sich auf diesen Abwegen befinden, glauben, ohne Störung durch belanglose Gedanken mit Gott im Zustand der Ruhe eng verbunden zu sein. Ohne es zu wissen, sind sie bereits Verführte. Der Verführer braucht ihnen nicht mehr eitle Gedanken einzuflößen oder auf andere Weise versuchen, sie vom Weg abzubringen. Sein Vorhaben hat sich ja bereits erfüllt: Der Widersacher möchte den Betenden von der Übung der »Wolke des Nichtwissens« abbringen und ihn glauben machen, der Betende befinde sich bereits in einer größeren Nähe Gottes. Ein wichtiger Faktor kommt noch hinzu: Der Dämon lässt dem Betenden den Gedanken an »Gott«, denn er möchte sich selbst keine Hindernisse in den Weg legen, aus Furcht davor, in Verdacht zu geraten und entdeckt zu werden.

53. Kapitel

Vorsicht bei fehlgesteuerter Mystik und Abhängigkeit

Absonderliches Verhalten trifft man bei denen an, die sich zwar für Mystiker halten, aber im Grunde keine sind. Den wahren Schülern Gottes, die echte Mystiker sind, sieht man äußerlich nichts Besonderes an; sie zeigen ein normales körperliches und seelisches Verhalten. Genau umgekehrt ist es bei denen, die einem Irrtum verfallen sind, es aber selbst nicht merken.

Ihr Blick ist starr und nur auf eines gerichtet, von dem sie in den Bann gezogen werden. Der böse Feind hat sie fest im Griff. Sie mögen oder können nicht richtig sprechen. Andere wiederum klagen überall ihr Leid. Es gibt Menschen, die ziehen das Leid und die Zerstörung regelrecht an – wie gefährlich ist das erst einmal für sie, wenn sie sich auf der pseudomystischen Ebene befinden!

Viele Leute halten sich zurück, wenn sie unter anderen Menschen sind. Halten sie sich aber unter Ihresgleichen auf, sind sie nicht wiederzuerkennen. Sie brauchen Bestätigung und können es nicht aushalten, wenn man ihnen widerspricht, überzeugt davon, dass sie alles aus Liebe zu Gott und um der Wahrheit willen tun. Wenn Gott sie nicht zur Sinnesänderung bewegt und ein Wunder geschehen lässt, werden sie in ihrer Erstarrung dem Widersacher in die Arme laufen. Wie es scheint, sind sehr viele Menschen von diesen Täuschungen befallen und brauchen dringend Hilfe.

Das merkwürdige und abhängige Verhalten zeigt sich auch bei Menschen, die dem Spiel verfallen sind und die nichts anderes mehr interessiert.

Das geschilderte Verhalten muss nicht immer eine große Sünde sein, aber es zieht den Menschen total in seinen Bann, sodass sie es nicht einmal mehr wagen, aufzublicken und einen anderen anzusehen. Nach einer bestimmten Zeit ist der Mensch nicht mehr in der Lage, mit anderen zu kommunizieren, und verliert allmählich auch den Zugang zu sich selbst. Das Herz hat sich in seiner Unbeständigkeit an etwas Vergängliches geklammert, das es nicht mehr loslassen möchte. Men-

schen, die es aufgrund ihrer Schwäche, ihres Eigenwillens, mangelnder Demut und mangelnder Gottesliebe so weit gebracht haben, dürfen auf keinen Fall in diesem Zustand dieses Buch lesen oder in die Praxis der »Wolke des Nichtwissens« eingeübt werden.

54. Kapitel

Der geistliche Weg hinterlässt positive Spuren

Befindet sich dagegen jemand auf dem richtigen geistlichen Weg, der ihn über die »Wolke des Vergessens« in die »Wolke des Nichtwissens« führt, darf er eine immer größer werdende Verbundenheit mit Gott spüren. Sein äußeres und inneres Verhalten wandeln sich dahingehend, dass alle ihn gern haben und liebenswert finden. Wenn ein unbeliebter Mensch durch Gnade den geistlichen Weg findet und auch beschreitet, erfährt er Wandlung, sodass jemand, der zufällig seine Bekanntschaft macht, gern und mit Freude in seiner Gesellschaft ist. Die Gnade Gottes geht auf den anderen über und lässt ihn sogar die Nähe Gottes erfahren.

Wenn die Gnade bereit ist, mir das Geschenk der »Wolke des Nichtwissens« zu machen, sollte ich es unter allen Umständen sofort annehmen. Der Herr selbst bietet mir den Schlüssel zum Himmelreich an, den ich aber selbst in die Hand nehmen und gebrauchen muss.

Er wird zum festen Halt für mein Leben. Ein solcher, in Gott gefestigter Mensch kann andere richtig einschätzen und mit ihnen entsprechend umgehen. Es fällt ihm nicht schwer, Menschen, die einen sündhaften Lebenswandel führen, genauso freundlich und entgegenkommend anzunehmen wie Menschen, die eine tadellose Lebensführung aufweisen. Jeder, der diese Wandlung bei jemandem sieht, muss sich ganz von selbst fragen, ob nicht auch er diesen Weg zu gehen vermag. Vielleicht staunt er und fühlt sich sogar eingeladen, die Versenkung des Herzens in Gott ebenfalls zu üben.

Ohne zu viel zu versprechen, darf man sagen, dass alle, die diese Versenkung in Gott üben, mehr und mehr von Weisheit und vom inneren Feuer des Heiligen Geistes erfüllt werden. Es tritt eine klare Aufrichtigkeit zutage, wie man sie kaum im alltäglichen Leben gewohnt ist, ebenso eine spontane Liebenswürdigkeit, die erfrischt. Der Betende hat es nicht mehr nötig, sich vor anderen Menschen fromm zu zeigen – er ist es bereits vor Gott und seinen Engeln. Wie erholsam ist es, einen Menschen zu erleben, der früher bei jeder Kleinigkeit, die ihm nicht passte, aufbrauste, jetzt aber bei allem ruhig und gelassen bleibt. Der anderen wegen verstellt man sich nicht mehr, sondern gibt sich in allen Lebenslagen so, wie es der Wahrheit entspricht.

Warum sollte man nicht klar und deutlich Herzensdemut zeigen, wenn sie gefordert ist? Das Schlimme sind die falschen Töne, die jetzt aber ein Ende haben. Eine klare Stimme erfüllt den Betenden; sie drückt den wahren Geist des Sprechenden aus – ohne Heuchelei und falsche Töne. Eine nicht in Gott verankerte Seele jedoch wird sowohl in ihrer Innen- als auch in ihrer Außenwelt ständig eine nicht zu vereinbarende Gegensätzlichkeit erleben, die viele Schmerzen bereiten kann.

55. KAPITEL

Die Unterscheidung der Geister ist wichtig

Eine andere Weise zu täuschen: Der Widersacher spornt Menschen an, Gottes Gebote zu beachten und sich eifrig dafür einzusetzen, mit allen Mitteln bei anderen die Sünde auszumerzen. Die Versuchung und die Täuschung geschehen hier nicht mit etwas vordergründig Bösem, sondern mit etwas scheinbar Gutem. Der Verführer treibt hier die Menschen gleich einem eifrigen Seelsorger an, das geistliche Leben anderer Menschen zu überwachen, wie ein Abt seine Mönche oder eine Äbtissin ihre Schwestern beaufsichtigt. Ein selbst ernannter Seelsorger überhebt sich und maßt sich an, andere wegen ihrer Fehler offen zurechtzuweisen. Er ist auf seinem Irrweg sogar noch davon überzeugt, Gott gegenüber dazu verpflichtet zu sein. Während er den Mitmenschen ihre Fehler aufzeigt, erklärt ihnen der falsche Seelsorger, er sei durch das Feuer der Liebe und ihre herzliche Zuneigung zu Gott dazu angeleitet worden. Dies ist eindeutig die Unwahrheit, denn der Widersacher ist bereits in ihrem Willen und in ihrer Vorstellungskraft gegenwärtig und tätig.

Ein Engel kann mit Zustimmung Gottes – wenn er einen Auftrag ausführen soll – irgendeinen Körper annehmen. Die Eigenschaft des angenommenen Körpers richtet sich nach der Art der auszuführenden Botschaft. Viele Beispiele dafür finden wir in der Heiligen Schrift, wie zum Beispiel die Ankündigung der Geburt des Johannes des Täufers (vgl. Lukas 1,11) oder die Verkündigung der frohen Botschaft des Erzengels Gabriel an Maria.

Jedes Mal, wenn ein Engel von Gott in leiblicher Gestalt ausgesandt wird, sind sein Name und sein Körper Ausdruck des geistlichen Gehalts seiner Botschaft.

Wenn der Widersacher in leibhaftiger Form erscheint, zeigt er durch die Eigenschaft seiner körperlichen Erscheinung den Geisteszustand, in dem sich derjenige befindet, den er gerade besucht. Wir müssen sehr vorsichtig sein mit Erscheinungen, denn dunkle und zerstörerische Kräfte mischen sich allzu gern da und dann ein, wo und wann sie am wenigsten erwartet werden. Daher nimmt der Dämon gern eine Körpergestalt an, in der sich diejenigen befinden, auf die er Einfluss nehmen will. Die Betroffenen merken es oft gar nicht oder halten es gar für eine Bevorzugung, wenn sie wie in dem vorhergehenden Beispiel zu Handlangern des Bösen werden. Sie dürfen öffentlich die Fehler der anderen aufzeigen – sogar in der Meinung, von Gott gesandt zu sein.

Als Geschöpfe Gottes dürfen wir keine Fehler anderer aufzeigen und sie damit in aller Öffentlichkeit bloßstellen. Berechtigte Korrekturen oder Zurechtweisungen dürfen nur aus Liebe und unter vier Augen stattfinden.

56. Kapitel

Die beiden Wege, von denen einer ins Verderben führt

Es gibt viele geistlich begabte Menschen, die die allgemeine Lehre der katholischen Kirche nicht anerkennen. Aus welchen Gründen auch immer, gehen sie eigene Wege – vielleicht aus Stolz, mangelnder Demut, Besserwisserei oder ihrer Unfähigkeit, sich in eine bestehende Gemeinschaft einzugliedern. Sie und ihre Anhänger vertrauen einzig und allein auf ihren eigenen Intellekt, folgen ihren Vorstellungen und lehnen die anerkannte Lehre der Kirche ab. Demut ist ihnen fremd, aber weitaus mehr noch die Hingabe aus Liebe zu Gott. Dafür sind sie anfällig für pseudomystische Ideen und Erfahrungen, die der Feind des wahren geistlichen Lebens in Umlauf bringt.

Dieser schlechte Einfluss kann so weit führen, dass die Geschichte der Kirche, die Heiligen, die Sakramente und die Ge- und Verbote der Kirche einfach ignoriert werden. Es ist sehr traurig, mit ansehen zu müssen, dass viele Christen, denen die Gebote und Forderungen der Kirche zu schwer sind, diesen »Freigeistern« bedenkenlos folgen. Anstatt sich durch die Beachtung der Gebote bessern zu lassen, laufen sie leichtfertig diesen Schwärmern nach und unterstützen sie nach all ihren Kräften. Sie freuen sich darüber, einen leichteren und bequemeren Weg gefunden zu haben, als die Kirche ihn anbietet. Hier kommt uns das treffende Wort Jesu aus der Bergpredigt entgegen:

Geht durch das enge Tor! Denn weit ist das Tor und breit der Weg, der ins Verderben führt, und es sind viele, die auf ihm gehen. Wie eng ist das Tor und wie schmal der Weg, der zum Leben führt, und es sind wenige, die ihn finden (Matthäus 7,13–14).

Es wäre nur zu wünschen, dass diese Menschen zur Einsicht kommen und der Irrtum, mit dem sie auch andere anstecken, von ihnen abfällt.

57. Kapitel

Geistig zu Verstehendes

Fahren wir mit Begonnenem fort und kommen noch einmal darauf zurück, dass bestimmte Wörter allzu leicht missverstanden werden, wie zum Beispiel die Wörter »hinauf« oder »empor«. Wir dürfen sie nicht wörtlich nehmen, denn sonst führen sie zu Irrtümern. Wenn es heißt, man solle sein Herz zu Gott erheben, bedeutet dies nicht, zu den Sternen aufzuschauen und auf den Gesang der Engel zu warten. Es gibt viele Menschen, die sich ein Bild von Gott nach ihren Wünschen machen, in prachtvollen Gewändern auf einem Thron sitzend. Es sind übertriebene Bilder, die an Prunk alles in den Schatten stellen, was man bisher auf Erden gesehen hat. Warum merken die Betroffenen nicht, dass dies alles bloße Täuschung ist?

Viel Eitelkeit und Trug entstehen in ihrem Inneren, denn der Widersacher täuscht ihre Ohren mit ungewöhnlichen Klängen, ihre Augen mit ungewöhnlichem Leuchten und die Nase nimmt wundersame Gerüche wahr. Leider werden Bilder von Heiligen und selbst von Christus einseitig verstanden und entsprechend nachgeahmt. Der heilige Martin wird angeführt, wie er zu Gott, der in seinen Mantel gehüllt und von Engeln umgeben ist, aufschaut. Auch der heilige Stephanus muss herhalten, der unseren Herrn im Himmel stehen sah, und selbst Christus, der vor den Augen seiner Jünger leibhaftig zum Himmel auffuhr. Deshalb, so wird daraus geschlossen, sollen auch wir beim Beten unsere Augen nach oben richten.

Beim Beten sollten wir schon mit aufrechtem Kopf in Stille sitzen, die Körperhaltung aber nicht weiter betonen oder gar korrigieren. Wenn wir den Weg des »Vergessens« gehen und unsere Seele sich dem Herrn gegenüber öffnet, so geschieht dies weder aufwärts noch abwärts, weder auf der rechten oder der linken Seite und weder vorwärts oder rückwärts gerichtet. Das, was wir in der Übung der »Wolke des Nichtwissens« tun, geschieht rein geistig und nicht körperlich – selbst wenn unser Körper viel an tiefer und wohltuender Ruhe mitbekommt.

58. Kapitel

Von der Schale zum Kern vordringen

Der Hinweis auf den heiligen Martin und den heiligen Stephanus, die angeblich Himmlisches mit ihren leiblichen Augen sahen, entbehrt jeder Grundlage. Die Bilder zeigen geistige Zusammenhänge, keine körperlichen. Christus hat den Mantel des heiligen Martin niemals getragen; er hatte es nicht nötig, vor Kälte und Nässe geschützt zu werden. Es ist ein Sinnbild, das uns zeigen soll, dass wir mit dem unsichtbaren Leib Christi verbunden sind. Jeder, der einem Menschen körperlich oder seelisch in seiner Not beisteht, tut dies auf geistiger Ebene für Christus. Der Herr selbst bezeugt dies: *Was ihr für einen meiner geringsten Brüder getan habt, das habt ihr mir getan* (Matthäus 25,40). Der Herr bekräftigte dieses Geschehen noch einmal, indem er dem heiligen Martin eine wunderbare Vision offenbarte – ein Bild für das, was geistig geschah.

Alle visionären Offenbarungen, die sich körperlich ausdrücken und auch so geschaut wurden, sind geistig zu verstehen. Viele Heilige drücken es dann so aus: »Mir war so, als ob ...« Wenn diejenigen, denen eine Offenbarung gezeigt wird, jedoch Erfahrung auf der Ebene des rein Geistigen haben, wird sie ihnen niemals in körperlicher Form gezeigt, das heißt, einsehbar durch die Sinne. Auch uns gelten die Offenbarungen, allerdings müssen wir sie ins Geistige übersetzen, förmlich von der äußeren Schale zum inneren Kern vordringen.

Ein guter Hinweis für uns: Wir sollten nicht die Frucht überbewerten und den Baum, von dem sie stammt, verachten. Der Baum verkörpert die sichtbare Seite der Vision als Zeichen und Ausdruck, der dem Werk des Geistes entspricht. Die Frucht symbolisiert den geistigen Sinn der von Gott gewirkten Zeichen. Als Frucht kann man demnach die geistige Bedeutung der sichtbaren Wunder ansehen. Wenn wir etwas Bestimmtes ausdrücken möchten und spüren, dass ein wahrer Impuls des Geistes es uns eingegeben hat, sollten wir dem bedenkenlos nachgeben. Steht jedoch kein Impuls des Heiligen Geistes dahinter, handelt es sich um Falschheit und Heuchelei.

Wenn sich Jesus Christus einem Menschen in einer Vision zeigt, dann geschieht dies mit einer geistigen Bedeutung und nicht etwa, weil er Einblick in konkret Himmlisches geben will. So ist auch das Wort »beistehen« in den meisten Fällen nicht wörtlich gemeint, sondern ist übertragen zu verstehen in dem Sinn, einem Menschen generell zu helfen. Auch die Heilige Schrift benutzt das Wort »Beistand« im übertragenen geistigen Sinn. In der Macht seiner Gottheit möchte der Herr uns beistehen und ist bereit, uns zu helfen. Um es kurz zusammenzufassen: Körperliche Offenbarungen dienen dazu, uns den tiefer liegenden geistlichen Sinn des Geschehens zu verdeutlichen.

59. Kapitel

Überschreiten der zeitlichen und räumlichen Grenzen

Jesus fuhr als wahrer Gott und als wahrer Mensch in den Himmel auf. Als Mensch jedoch erlitt er zunächst den Tod und wurde dann mit Unsterblichkeit bekleidet. Diesen Übergang vom irdischen Leben in das ewige Leben dürfen auch wir einmal erfahren. Dann werden wir an Leib und Seele so vollendet sein, dass wir uns so schnell bewegen können und noch weitaus schneller, als es unsere gedankliche Beweglichkeit hier auf Erden zugelassen hat.

Doch zuvor leben wir noch in dieser Welt, in der Körper, Geist und Seele miteinander verwoben sind. Noch ist unser Körper nicht rein geistig und es gelten die Gesetze der materiellen Welt. Mit dem geistigen Werk, das in diesem Buch vorgestellt wird, lassen wir für die Zeit des Betens alles Materielle zurück, das wir überschreiten. Ein geistiger Impuls der Liebe in Form eines einzigen Wortes hilft uns dabei. Die Vorstellung des Körperlichen muss bei diesem Beten ganz aufgegeben werden, sodass wir in die Lage versetzt werden, auch die räumlichen Grenzen zu überschreiten.

Obgleich der innere Vorgang eine Bewegung genannt wird, erheben wir uns nicht oder gehen in etwas hinein. Und selbst wenn man den inneren Vorgang »Ruhe« nennt, bedeutet dies nicht das Verweilen an einem Ort ohne Bewegung. Die Übung der »Wolke des Nichtwissens« ist so klar und geistig, dass sie mit keiner körperlichen Bewegung und keinem wahrnehmbaren Ort in Verbindung gebracht werden kann. Es ist kein Aufbruch von einem Ort zu einem anderen. Zeit, Ort und Raum werden, wie auch die Gedanken, Vorstellungen und Bilder unter die »Wolke des Vergessens« gebracht.

Achte darauf, bei diesem Gebet in keiner Weise deine Vorstellungskraft einzusetzen, und wenn sie dir von selbst Bilder zeigt, beachte sie nicht, sondern kehre zu deinem Gebetswort zurück. Zeitliche und räumliche Vorstellungen gehören hier nicht her und haben mit dem Geistigen nichts zu tun. Stell dir auch nicht vor, du würdest wie Christus leibhaftig zum Himmel auffahren. Er bezeugt selbst: *Wir wissen, dass wir aus dem Tod in das Leben hinübergegangen sind, weil wir die Brüder lieben. Wer nicht liebt, bleibt im Tod* (1. Johannesbrief 3,14).

60. Kapitel

Der kürzeste Weg zum Himmel

Jesus Christus ist leibhaftig in den Himmel aufgefahren und hat von oben seinen Heiligen Geist gesandt – das ist unser Glaube. Sollen wir dann nicht auch unsere Seele ebenso beim Gebet nach oben zum Himmel richten? Jesus hätte einen viel näheren Weg wählen können, denn der Himmel ist nicht außerhalb von uns, sondern in uns selbst. Der Mensch, der ein wahres Verlangen nach dem Himmel hat, ist im geistigen Sinn bereits im Himmel. Den nächsten Weg dorthin schafft man nicht mit den Füßen, sondern durch die Sehnsucht der Seele, der man während des Betens freien Lauf lässt, damit sie sich in Gott versenken kann. *Denn unsere Heimat ist im Himmel. Von dorther erwarten wir auch Jesus Christus, den Herrn, als Retter, der unseren armseligen Leib verwandeln wird in die Gestalt seines verherrlichten Leibes, in der Kraft, mit der er sich auch alles unterwerfen kann* (Philipperbrief 3,20–21).

Für viele jedoch hat sich ihr Bewusstsein für den Himmel noch nicht geöffnet, weil es durch Begrenzungen und Ballast klein und niedergedrückt gehalten wird. Mit »unserer Heimat« meint Paulus die Liebe des Menschen und die Sehnsucht der Seele nach Gott, die geistig gesprochen unsere Heimat ist. Unsere Seele ist da, wo unsere Liebe ist. Sie durchströmt aber auch unseren Körper, dem sie das Leben gibt. Wenn wir in geistiger Hinsicht zum Himmel gelangen wollen, brauchen wir nicht hierhin oder dorthin zu gehen und uns nicht anzustrengen, sondern können uns zusammen mit der »Liebe« oder »Gott« hier und jetzt in Gott fallen lassen.

61. Kapitel

Alles Körperliche ist Ausdruck des Geistigen

Selbstverständlich dürfen wir außerhalb des in diesem Buch beschriebenen Gebetes unsere Hände und Augen zum Himmel erheben. Wenn wir uns dazu gedrängt fühlen, sollten wir es auch tun. Alles Körperliche ist zweifellos Ausdruck des Geistigen und wird von hier bestimmt und nicht umgekehrt.

Als Beispiel dafür dient die Himmelfahrt unseres Herrn Jesus Christus. Die Zeit war erfüllt, dass Jesus leiblich zu seinem Vater in seiner Menschennatur zurückkehren sollte. Seine Menschennatur war nie von seiner Gottnatur getrennt. Jetzt bei der Himmelfahrt folgte der Gottnatur des Herrn seine Menschennatur mit dem Leib in der Einheit der Person. Dies geschah kraftvoll aus dem Wirken des Heiligen Geistes. Dieser Vollzug fand seinen passenden Ausdruck darin, dass er sich sichtbar nach oben vollzog.

Während der Übung der »Wolke des Nichtwissens« macht der Betende gerade diese Erfahrung: Schon nach kurzer Zeit der Ruhe richtet sich ganz von selbst sein Körper auf, ohne dass es der Betende bemerkt. Dies geschieht kraft der geistlichen Ausrichtung der Seele, die sich langsam aufrichtet und den Körper, der vielleicht ein wenig in sich zusammengesunken ist, ebenso aufrichtet. Die Körperhaltung, die jetzt der geistigen Haltung entspricht, spiegelt die eindeutige und klare Ausrichtung des Geistes auf Gott wider. Die Haltung von Körper und Geist sind angemessen und entsprechen einander.

Der Mensch wurde geschaffen, damit er sich in aufrechter Haltung vor Gott bewegen kann – weder gekrümmt noch zur Erde gebeugt. Die körperliche Haltung, zum Himmel gewandt, drückt genau das aus, was in der Seele geschieht: die Lösung von aller Erdenschwere und die klare Ausrichtung auf Gott. Das Sichaufrichten und das Aufrichtigsein geschehen zunächst auf der geistig-seelischen Ebene und setzen sich dann im körperlichen Ausdruck fort. Hier kommen Körper, Geist und Seele zu einer gemeinsamen Haltung. In den meisten Fällen jedoch dürfen wir nicht alles buchstäblich verstehen, sondern geistig, übertragen und sinnbildlich. Bedenke jedoch: Auch wenn etwas noch so geistig ist, kann man es nur durch unsere Sprache zum Ausdruck bringen, die ein körperlicher Vorgang ist, der sich der Zunge als einem Organ des Körpers bedient. Und trotzdem kommen wir nicht umhin, Geistiges nicht sinnlich, sondern geistig zu verstehen.

62. Kapitel

Ist das Ziel des Geistes unter dir, in dir oder über dir?

Deine geistige Erfahrung umfasst alles Geschaffene und geht darüber hinaus in feinstofflichere Welten, um alles überschreitend in die Nähe Gottes zu kommen und ihm zu begegnen. Passende Wörter zeigen dir, so gut es geht, an, in welcher Position du dich gerade befindest. Du erfährst, wann die Aktivität des Geistes sich auf Dinge richtet, die seinsmäßig unter dir oder außer dir sind, wann dein geistiges Tun sich mit dir selbst beschäftigt und wann sich dein Geist auf den Bereich über dir – das ist der unter deinem Gott – richtet.

- Alles körperlich Geschaffene befindet sich außerhalb deiner Seele und hat von Natur aus einen der Seele untergeordneten Rang. Dazu gehören auch die Sonne, der Mond und alle Sterne. Obgleich sie leuchtend über deinem Körper am Himmel stehen, befinden sie sich unter deiner Seele.
- Alle Engel des Himmels stehen wegen ihrer Klarheit und Reinheit über dir. So auch alle die Menschen, die durch Gnade und gute Eigenschaften Gott ähnlicher und leuchtender wurden, als du es im Augenblick bist. Von Natur aus jedoch stehen sie mit dir auf der gleichen Ebene.
- In dir selbst finden sich von Natur aus deine Kräfte der Seele: Gemüt, Verstand und Wille. Vorstellungskraft und sinnliche Wahrnehmungsfähigkeit arbeiten ihnen zu.

- Von Natur aus ist nichts über dir außer Gott – für viele noch verhüllt durch die »Wolke des Nichtwissens«, die wir durch unsere Übung durchstoßen können. Wann immer in geistiger Sicht von deinem Selbst die Rede ist, ist damit immer die Seele und nicht der Körper gemeint.

Je nach der Qualität und Beschaffenheit dessen, worauf sich deine Seelenkräfte richten und worin sie wirken, wird die Bedeutung und die Art deines geistigen Werkes beurteilt, ob es unter dir, in dir oder über dir ist. In den folgenden vier Kapiteln werden die Kraft des Seelengrundes (Gemüt) und die Hauptwirkkräfte Vernunft, Vorstellungskraft und die sinnliche Wahrnehmungsfähigkeit zum besseren Verständnis einzeln dargestellt.

63. Kapitel

Der Seelengrund als allem zugrunde liegende Lebenskraft

Dem Gemüt, das wir im vorhergehenden Kapitel zu den Hauptkräften gezählt haben, kommt eine ganz besondere Stellung zu. Man kann es als Urgedächtnis, aber besser noch als Seelengrund bezeichnen. Zusammen mit den anderen beiden Hauptkräften, Verstand und Wille, und mit den Hilfskräften, Vorstellungskraft und Sinneswahrnehmung, bildet der Seelengrund ein Ganzes, das den Menschen befähigt, alle Eindrücke zu verarbeiten. Die Eindrücke, die der Mensch durch die vier Kräfte aufgenommen hat, gehen an den Seelengrund weiter, wo sie geordnet und gespeichert werden. Das Wesen dieser »Kraft« besteht nicht aus Leistung, sondern aus einem Empfangen und wieder Abgeben dessen, was nicht zu uns gehört. Möge sich für viele dies noch sehr theoretisch anhören: Schon nach kurzer Zeit werden diese Zusammenhänge durch die Übung der »Wolke des Nichtwissens« transparent und einsehbar.

Die menschlichen Fähigkeiten beziehen sich auf zwei Bereiche: auf alles Geistige und zweitrangig auf das Raum-Zeitliche oder Materielle. Verstand und Wille sind dem rein geistigen Bereich zugeordnet. Die Vorstellungskraft und die sinnliche Wahrnehmungsfähigkeit sind der materiellen Welt zugeordnet. Die noch an den Körper gebundene Seele benötigt alle vier Kräfte, um zur Erkenntnis des Wesens irdischer Geschöpfe zu gelangen, ihre Eigenschaften zu ergründen und die Ursache ihres Daseins festzustellen.

Zusammengefasst: Verstand und Wille sind ihrer Natur nach dem geistigen Bereich zugeordnet; sie können unabhängig von den körperlichen Kräften wirken. Vorstellungskraft und sinnliche Wahrnehmung sind abhängig vom Körper und seiner Sinnesfähigkeit. Der Seelengrund enthält all diese vier Kräfte, deren Eindrücke und Ziele er aufnimmt und verarbeitet.

Mühen wir uns nicht mit allzu viel Worten ab, dieses und Weiteres zu verstehen, sondern vertrauen darauf, dass sich durch unseren geistigen Weg ganz von selbst unser Bewusstsein dem gegenüber öffnet, was der Herr für uns an geistig-geistlicher Erfahrung vorgesehen hat.

64. Kapitel

Der Verstand und der Wille

Mit dem Verstand können wir Böses vom Guten unterscheiden – nicht nur auf der groben Ebene, sondern auch auf feineren Ebenen. Vor dem Sündenfall war der Mensch von Natur aus mit diesen Fähigkeiten begabt. Nachher jedoch musste er viele Einschränkungen hinnehmen. So ist zum Beispiel die Sehkraft des Verstandes oft wie geblendet, sodass er ohne Zustrom der erleuchtenden Gnade seine Aufgaben nicht immer erfüllen kann. Der Seelengrund beinhaltet sowohl den Verstand als auch das, was ihn bewegt.

Der Wille stellt eine Lebenskraft dar, die imstande ist, das Gute zu wählen, nachdem der Verstand es als solches bestimmt hat. Der Wille strebt das umfassende Gute an und das ist Gott. Die Übung der »Wolke des Nichtwissens« zeigt uns den Weg, mit Freude die Übereinstimmung mit Gottes Willen zu erfahren und in göttlicher Ruhe sein zu dürfen.

Bevor der Mensch sich von Gott trennte, war es dem menschlichen Willen nicht möglich, eine falsche Wahl zu treffen. Der Mensch besaß die natürliche Fähigkeit, alles Geschaffene seinem Wesen nach zu erfassen. Jetzt aber gelingt ihm das aus sich selbst heraus nicht mehr – er bedarf der Gnade, die mit ihrer göttlichen Kraft alles durchdringt. Wir müssen sehr aufpassen und achtgeben: Durch die Belastung der Erbschuld ist die Kraft des Willens geschwächt, sodass wir uns leicht von äußeren Erscheinungen täuschen und verwirren lassen. Wir halten zum Beispiel etwas für gut, das nur den Schein des Guten besitzt. Auf diese Weise entscheiden wir uns oft für etwas Böses und Dunkles, weil es uns als gut erscheint. Auch der Verstand und der Wille werden vom Seelengrund getragen und gesteuert.

65. KAPITEL

Das Vorstellungsvermögen

Das Vorstellungsvermögen ist eine Kraft, mit der wir uns ein Bild von den Dingen machen, ganz gleich, ob sie abwesend oder gegenwärtig sind. Die Vorstellungskraft hat auch – wie die anderen Kräfte – ihre Wurzeln im Seelengrund. Vor dem Sündenfall herrschte eine innere Einheit zwischen Vorstellungskraft und Vernunft, sodass die Vorstellungskraft der Vernunft niemals ein verzerrtes oder unkontrolliertes Bild zukommen ließ, wie auch keine Wahnvorstellung von etwas Geistigem. So konnte der Verstand niemals getäuscht werden. Diesen Zustand gibt es nicht mehr.

Unsere Vorstellungskraft ist in der Lage, die Wirklichkeit der Dinge zu verzerren und ihren Gehalt zu verfälschen. Die Schwerpunkte werden verkehrt, sodass Geistiges konkret verstanden und Konkretes geistig verstanden wird.

Wenn die Vorstellungskraft nicht durch das Licht der göttlichen Gnade daran gehindert wird, formt sie unaufhörlich im Wachen und im Schlafen verzerrte Bilder irdischer Geschöpfe – manchmal sogar auch Wahnvorstellungen.

Anfänger auf dem geistigen Weg, die bei der Übung der »Wolke des Nichtwissens« noch starke Loslösungsprozesse erfahren, leiden teilweise sehr unter der Vorstellungskraft, die wahllose Bilder, seltsame Gedanken und Fantastereien ans Licht bringt. Ganz langsam jedoch, Schritt für Schritt, lernt der Betende, diesen Bildern nicht nachzugehen, sondern sie vorbeiziehen zu lassen. So wird ganz allmählich der Seelenraum von der Überfülle der Bilder, der Erinnerungen an die Vergangenheit und von verführerischen Gedanken befreit. Durch die Übung der »Wolke des Nichtwissens« wird die gestörte Schöpfungsordnung, die durch die Urtrennung des Menschen von Gott verursacht wurde, wieder geheilt. Der Verstand gewinnt nicht nur ständig an Klarheit, sondern er gewinnt auch die Oberhand über die Vorstellungskraft und stellt damit einen Teil der Ordnung wieder her. Voraussetzung für eine relativ schnelle Heilung ist die Nachfolge Jesu Christi und das kontinuierliches Gehen auf dem geistlichen Weg.

66. Kapitel

Die Sinneswahrnehmung

Die sinnliche Wahrnehmungsfähigkeit ist eine Seelenkraft, die in den körperlichen Sinnen wirkt und auch deren Wirken überwacht. Die Sinne vermitteln uns eine konkrete Erkenntnis aller körperhaften Wesen, seien sie angenehm oder unangenehm. Die sinnliche Wahrnehmungsfähigkeit hat zwei Aspekte: Zum einen übernehmen sie die Sorge für die Sicherheit unseres Körpers und zum anderen dienen sie der Wahrnehmung leiblicher Bedürfnisse. Wir spüren, was dem Körper fehlt, sind aber andererseits auch schnell zur Maßlosigkeit verleitet, wenn alles vorhanden ist, was uns fehlte. Die Sinne empfinden Unmut, wenn Menschen sich in unserer Gesellschaft befinden, die uns nicht liegen und unangenehm sind. Aber auch umgekehrt: Sie freuen sich sehr über die Gegenwart liebenswerter Menschen. Diese Kräfte der Sinneswahrnehmung sind ebenso wie die anderen Kräfte im Seelengrund verwurzelt.

Wie die Vorstellungkraft von Natur aus dem Verstand untergeordnet ist, so ist die Sinneswahrnehmung dem Willen untergeordnet. Vor dem Bruch in der Schöpfung gehorchten die Sinne so sehr unserem Willen, dass sie ihm nie ein ungezügeltes Verlangen nach jemandem oder eine Abneigung dagegen zumutete. Die Sinne lieferten weder eine verzerrte Wahrnehmung von Personen oder Dingen noch ein Trugbild geistiger Gegebenheiten. Aber auch hier müssen wir die gebrochene Schöpfungsordnung ertragen und versuchen, sie mittels der Gnade wiederherzustellen. Es ist schwer, immer die sinnliche Wahrnehmung und das, was daraus entsteht, unserem Willen unterzuordnen. Die Sinne melden uns Schmerz und Missmut, wenn zum Beispiel ihr zuchtloses Begehren nicht erfüllt oder durch den Willen in Schranken gehalten wird.

Wir bedürfen der Gnade, um den Willen zu stärken, Grobes zu kultivieren, um demütig und maßvoll sein zu können. Durch die geistliche Übung werden die Sinne kultiviert, sodass sich eine übergroße Sucht nach Genuss verflüchtigt und sich bereits wunderbare Elemente der früheren Schöpfungsordnung zeigen. Doch sind wir auch hier – wie in allem – auf die Vergebung und die gnadenvolle Unterstützung des Herrn angewiesen. Der Mensch ist ein von Gott geschaffenes Wesen mit geistiger Bestimmung und einem geistlichen Ziel.

67. Kapitel

Die drei Entwicklungsstufen

Indem sich der Mensch von Gott losgesagt hat und damit den Bruch in der gesamten Schöpfung verantwortet, ist er so schwach geworden, dass er sich leicht täuschen lässt. Er besitzt nicht mehr die Fähigkeit, spontan die symbolische Bedeutung bestimmter Worte zu erfassen.

Wann auch immer wir in unserem Bewusstsein mit etwas Körperlichem beschäftigt sind, selbst wenn dieses zu einem noch so guten Ende geführt wird, so geschieht dies außerhalb von uns selbst und in der natürlichen Rangordnung auch unter uns selbst. Gehen wir einen Schritt weiter: Im Laufe deines Entwicklungsprozesses, das heißt, deiner Reife, erfährst du feinere Bereiche deiner Seele. Wenn du jetzt deine seelischen Fähigkeiten zu deiner geistigen Entwicklung einsetzt, das Gute in dir stärkst und das Schlechte abzulegen versuchst, dann beschäftigst du dich mit geistigen Werten und damit bist du in dir und auf dem Niveau deiner selbst.

Gehen wir noch einen Schritt weiter: Wenn du dich weder mit körperlichen noch geistigen Dingen beschäftigst, sondern dich ganz auf das Wesen Gottes und seine Liebe ausrichtest – wie bei der Übung der »Wolke des Nichtwissens« –, dann bist du über dir und unterhalb der göttlichen Ebene. Durch diesen Schritt in die Wolke gehst du über dich selbst hinaus. Du gelangst durch die Unterstützung der göttlichen Gnade dahin, wohin du von Natur aus nicht kommen konntest: zur Vereinigung mit Gott im Geist und in der Liebe und zur Übereinstimmung von menschlichem und göttlichem Willen.

Es ist ein wunderbarer Zustand, in dem wir uns nicht mehr von Gott getrennt erleben, sondern eins mit ihm im Geist sind. *Eine Stimme hörte ich, die ich noch nie vernahm* (Psalm 81,6b). Obwohl du durch Gnade in diesen göttlichen Zustand erhoben wurdest, stehst du im Rang immer noch unter Gott. Von seinem Wesen her ist er Gott ohne Anfang und ohne Ende. Und was bist du von deinem Wesen her? Du wurdest erst von seiner Macht und seiner Liebe zu etwas gestaltet. Doch durch die Sünde hat sich der Mensch von Gott wieder getrennt. Du bist nur durch Gottes Gnade und ohne eigenen Verdienst zu dem geworden, was du heute bist – untrennbar und ohne Ende mit ihm im Geist vereint. Obschon du in Gnade ganz mit Gott vereint bist, bist du doch aufgrund deiner Natur weit unter ihm stehend.

Jemand, der auf diesem Gebiet kaum Erfahrung hat und die Wirkungsweise seiner eigenen Seele nicht kennt, kann sehr leicht einer Täuschung erliegen. Daher ist es wichtig, durch das eigene Ego nicht in diese Vorgänge einzugreifen, sondern sich vertrauend und empfangend wie ein Kind zu verhalten, das noch nicht über alles sprechen kann, sondern erst einmal zu vielem schweigt. Es geschehen zu lassen – darin besteht für uns die Weisung – und nicht versuchen zu wollen, alles zu begreifen und durch den Intellekt ergründen zu wollen. Die Gefahr besteht allerdings immer noch, etwas buchstäblich zu verstehen, was im übertragenen Sinn gemeint ist.

68. Kapitel

Vergessen von Raum und Zeit führt geistig in die Wolke des »Überall«

Aus diesem Grund kann auch die Weisung sehr leicht missverstanden werden: »Wende dein Denken, deine Wahrnehmung und all deine Seelenkräfte in dein Inneres, um dort Gott zu verehren.« Das ist durchaus richtig und kann auch nicht zutreffender gesagt werden. Die Schwierigkeit besteht nur darin, auch den richtigen Schritt nach innen zu tun, diese Weisung nicht buchstäblich aufzufassen und sie somit nicht falsch zu verstehen. Versuche also nicht im wahrsten Sinne des Wortes, dich in dein Inneres zurückzuziehen, und versuche auch nicht, außer dir, über dir, hinter dir noch auf dieser oder jener Seite von dir zu sein.

Es erhebt sich die berechtigte Frage: »Wo also soll ich dann sein?« Soll es etwa nirgendwo sein? Ja, körperlich nirgendwo zu sein, bedeutet, geistig »überall« zu sein. Gib einfach darauf Acht, auch deine Vorstellungswelt aufzugeben, damit du dein geistiges Tun nirgendwo körperlich konkretisierst und festmachst. Wenn du dafür sorgst, deine geistige Übung der »Wolke des Nichtwissens« körperlich nirgendwo zu verankern, dann bist du ganz gewiss im Geist dort, wo das ist, worauf du mit deiner ganzen Sehnsucht des Geistes zielst. So ist auch ganz von selbst dein Körper da, wo du dich tatsächlich gerade aufhältst. Für deine leiblichen Sinne gibt es in diesem »Nirgendwo« nichts, woran sie sich erfreuen kann oder was ihnen Nahrung gibt. Für sie ist dieser mit Sehnsucht erfüllte Weg zum geistigen Ziel nichtig und sinnlos.

Und trotzdem, oder gerade deshalb, setze die Übung der Wolke fort, denn du führst sie aus Liebe zu Gott aus – deiner tiefsten Sehnsucht folgend. Du wirst dieses Nichts durchstoßen und einmal in die »Wolke des Nichtwissens« eintreten, um Gottesbegegnung zu erfahren und Anteil an ihm zu haben, an ihm, den niemand durch Erkennen begreifen kann. Wer auf diese Weise die Welt und alles Körperliche für die Zeit seines Betens verlassen hat, möchte unbedingt in diesen vorübergehenden Zustand wieder eintreten, wenn er ihn aufgeben musste oder er ihm nach der erfüllten Zeit wieder genommen wurde. Allein schon der Kontakt mit der Wolke, mit dem körperlichen Nirgendwo oder diesem blinden »Nichts« macht den Betenden so reich, dass er dafür alle Reichtümer der Welt im Irgendwo nicht eintauschen würde.

Um dieses Nirgendwo willen und der Erfahrung des geistigen Überall wegen vergiss das körperliche Hier- und Dasein. Du wirst aus der Übung bereichert zurückkehren und wahre unvergängliche Reichtümer mitbringen. Mach dir keine Gedanken und keine Sorgen, wenn deine Sinne mit den aufgehobenen Dimensionen von Raum und Zeit nichts anfangen können. Die Sinne erleben Raum und Zeit als ein Nichts, das in geistiger Wirklichkeit alles ist. Der Wert dieses Alles ist so groß und von so unendlicher Bedeutung, dass deine Sinne nichts davon begreifen können. Die sich langsam in uns aufbauende Dimension der Ewigkeit kann eher empfunden als gesehen werden.

Für jene ist jedoch die Ebene der Ewigkeit noch völlig inhaltslos und dunkel, die sich noch nicht lange auf diesem geistlichen Weg befinden. Die Seele, die das körperliche Nirgendwo fühlt, kann beim Eintreten in die dunkle Wolke so von der Fülle geistlichen Lichts geblendet sein, dass sie trotzdem all das sieht, was von Anfängern noch als Dunkelheit, Finsternis oder fehlendes Licht wahrgenommen wird. Wer nimmt sich da noch heraus, es das »Nichts« zu nennen? Sicher nur unser äußerer Mensch, aber bestimmt nicht unser innerer Mensch.

- *Denn in meinem Innern freue ich mich am Gesetz Gottes* (Römerbrief 7,22).
- *Darum werden wir nicht müde; wenn auch unser äußerer Mensch aufgerieben wird, der innere wird Tag für Tag erneuert* (2. Korintherbrief 4,16).
- *Er gebe euch aufgrund des Reichtums seiner Herrlichkeit, dass ihr in Bezug auf den inneren Menschen durch seinen Geist an Kraft und Stärke zunehmt* (Epheserbrief 3,16).

Unser innerer Mensch nennt es Fülle, was er in sich aufnimmt, denn es lässt ihn Körperliches und Geistiges in einem einzigen Moment erkennen – ohne einen Gegenstand oder ein Wesen als jeweils Einzelnes gesondert zu betrachten.

69. Kapitel

Wie Sünde bewusst und getilgt wird

Auf dem geistlichen Weg der »Wolke des Nichtwissens« geben wir alle Sinneswahrnehmung und alles Denken auf, das einem Vergessen gleichkommt. Daher sprechen wir auch von der »Wolke des Vergessens«. Wir treten in einen gegenstandslosen Bereich ein, der uns wie ein »Nichts« anmutet, aber alles in sich enthält. Durch diese Erfahrung ändern sich der innere Zustand und das Gefühl eines Menschen – vornehmlich aber geschieht etwas Besonderes mit ihm. In diesem sogenannten »Nichts« erscheinen ihm seine Sünden, die er in seiner bisherigen Lebenszeit insgeheim und in Ermangelung geistigen Lichts begangen hat. Wohin wir uns auch wenden und was wir auch tun: Das Bewusstsein unserer Sünden bleibt so lange existent, bis durch Bedauern, Reue, Wiedergutmachung und das Versprechen, neue Sünden zu meiden, die alten von unserer Seele abgewaschen werden.

Es kann in dem beschriebenen Zustand vorkommen, dass wir uns verzweifelt und ohne Hoffnung fühlen, jemals von dieser Not befreit zu werden und einen dauerhaften Frieden des Geistes zu finden. Weil viele Menschen diesen Reinigungsprozess, der Zeit braucht und nicht auf einmal abläuft, nicht aushalten und abwarten können, kehren sie zu einer einfachen gegenständlichen Betrachtung zurück. Sie suchen im äußeren Bereich Trost, anstatt auszuhalten und tiefer in die Innerlichkeit zu gehen. Hier würden sie wahrhaft geistigen Trost erfahren.

Wer trotz allem, was in ihm geschieht, in der geistigen Übung nicht nachlässt, darf Hoffnung auf inneren Frieden schöpfen, da er wahrnimmt, dass seine begangenen Sünden weitgehend von göttlicher Gnade ausgelöscht sind. Selbst wenn der Schmerz über das eigene Ungute noch anhält, so spüren wir, dass er einmal aufhören wird, da er bereits schwächer und schwächer wird. Selbst die aus der Erbsünde entstandene Last wird in diesem Prozess der Reinigung unserer Seele nicht nur sichtbar und spürbar, sondern die Last wird leicht. Die ererbte Urtrennung von Gott und die daraus für uns entstandenen Folgen verlieren an Gewicht, bis sie sich einmal ganz auflösen.

Der Betende, der in der Übung der »Wolke des Nichtwissens« nicht nachlässt, macht wunderbare Erfahrungen der Ruhe, die sich so zeigen, als fühlte er sich im Paradies oder im Himmel. Er erfährt eine umfassende Stärkung seiner Seele und ein unaussprechliches Gefühl der Freude und des Friedens, das in der Stille und Ruhe seines Inneren entsteht – vorausgesetzt, der Betende bleibt in diesem Raum ohne eigene Wahrnehmung und ohne Gedanken. Man könnte fast meinen, wegen des Friedens und der Ruhe Gott selbst zu spüren. Doch wie dem auch sei: Letztendlich wird doch zwischen ihm und Gott die »Wolke des Nichtwissens und Nichterkennens« bleiben.

70. Kapitel

Das Schweigen des Verstandes führt zur Gotteserkenntnis

Wisse, und das kann nicht oft genug betont werden: Lass auf dem geistlichen Weg deine äußeren leiblichen Sinne ruhen, denn für dieses tiefere innere Geschehen sind sie nicht zuständig.

Deine Augen nehmen die äußeren Eigenschaften der materiellen Dinge wahr: Länge, Breite, Höhe, Tiefe, Form und Farbe. Deine Ohren hören Geräusche oder irgendwelche Töne. Deine Nase besitzt die Fähigkeit, Gerüche aufzunehmen. Mit deinem Geschmack stellst du fest, ob etwas sauer oder süß, gesalzen oder ungesalzen, bitter oder angenehm schmeckt. Dein Tastsinn erspürt, ob etwas heiß oder kalt, hart oder weich, stumpf oder scharf ist.

Es dürfte dir klar sein, dass man weder Gott noch allem Geistigen eine dieser Eigenschaften zuschreiben kann. Versuche also unter keinen Umständen, Geistiges mit deinen Sinnen zu erfassen. Lass die äußere Sinneswahrnehmung ruhen. Alle, die geistig und in ihrem Inneren arbeiten und dabei angeben, sie würden innen oder außen Geistiges hören, riechen, sehen, schmecken oder fühlen, täuschen sich oder werden getäuscht. Ihr Wirken ist falsch und läuft dem Gesetz der Natur zuwider. Von Natur aus sind die Dinge so geschaffen, dass man mit den Sinnen ihre äußeren Merkmale erkennen kann, aber in keiner Weise zur Erkenntnis geistiger Dinge gelangt.

Hört jedoch die äußere Sinneswahrnehmung auf, wird es uns möglich, Geistiges zu erkennen. Ein Beispiel: Wenn wir von gewissen Inhalten durch Lesen oder Hören Kenntnis nehmen und bemerken, dass unsere leiblichen Sinne uns nicht das Gehörte verstehen lassen und uns nicht begreiflich machen können, worum es sich handelt, dann sind wir sicher: Es handelt sich um Geistiges und nicht um Körperliches.

Ebenso ergeht es uns in geistiger Hinsicht auf der Ebene unserer Vorstellungskraft und des Verstandes – vornehmlich, wenn es um die Erkenntnis Gottes selbst geht. Selbst wenn ein Mensch große geistige Einsicht im Erkennen aller geschaffenen geistigen Dinge hat, so kann er doch niemals durch seinen Verstand zur Erkenntnis der ungeschaffenen geistigen Wesenheit gelangen, die Gott ist. Doch – wie wir bereits gesagt haben – kann uns Einblick in die ungeschaffene Welt geschenkt werden, wenn wir mit dem bewussten Erkennenwollen des Geistigen aufhören. Denn das Wesen, dem wir uns nähern, wenn die Sinneswahrnehmung schwindet, ist nichts anderes als Gott selbst. Deshalb sagt der heilige Dionysius: »Das tiefste Wissen über Gott ist das Wissen im Nichtwissen.«

71. Kapitel

Geistige Gipfelerfahrung – ein Geschenk Gottes

Viele Außenstehende halten diesen geistlichen Weg für sehr schwierig und schrecken davor zurück, ihn zu gehen. Sie meinen, viele Vorbereitungen treffen und große Mühe aufwenden zu müssen, um überhaupt den leisesten Fortschritt zu erzielen. All das, meinen sie, was geschieht, könne man nur selten begreifen und es liefe auf eine mystische Ekstase hinaus. Ihrem Reden fehlt die konkrete Erfahrung. Daher bleibt es einseitig und vorurteilsvoll. Geistliches Leben, zu dem die Übung der »Wolke des Nichtwissens« gehört, ist reine Gnade. Je nach der Befähigung und den Bedarfen der Seele wird das geistliche Leben als Gnade, wie Gott sie plant, den Menschen geschenkt. Vielen Menschen wird erst ein ganzes Pensum an Übungen und Wartezeiten auferlegt, bis unser Herr sie ruft, um Gipfelerfahrungen dieser Lebensweise zu machen. Andere wiederum sind so mit Gnade und Geist erfüllt und so innig mit Gott verbunden, dass sie in normaler seelischer Verfassung zu dieser besonderen Erfahrung kommen, wenn sie die Übung vollziehen. Sie erleben die Erfahrungen des Übergangs in die andere Dimension ohne jegliche Einschränkungen ihrer äußeren und inneren Sinne. Ein Beispiel für die erste Art repräsentiert Mose, ein Beispiel für die zweite Art spiegelt Aaron wider, der Priester des Tempels.

Das Gnadengeschenk, das jemandem auf seinem geistlichen Weg zukommt, ist sinnbildlich dargestellt durch die Bundeslade mit der Bundesurkunde im Alten Bund (vgl. Exodus 25). Alle, die den Dienst an der Lade vollzogen, symbolisieren diejenigen, die gnadenhaft den Weg der »Wolke des Nichtwissens« gehen. So wird die Bundeslade mit dem Gnadengeschenk dieses geistlichen Weges verglichen. Wie die Bundeslade die Gesetzestafeln und wertvolle Kultgegenstände enthielt, so enthält der kleine Liebesimpuls in unserer Übung alle guten Eigenschaften der menschlichen Seele, die Gottes geistiger Tempel ist.

- *Wisst ihr nicht, dass ihr Gottes Tempel seid und der Geist Gottes in euch wohnt?* (1. Korintherbrief 3,16).
- *Oder wisst ihr nicht, dass euer Leib ein Tempel des Heiligen Geistes ist, der in euch wohnt und den ihr von Gott habt?* Ihr gehört nicht euch selbst (1. Korintherbrief 6,19).

Bevor Mose die Bundeslade schauen durfte und wissen konnte, wie sie gebaut werden sollte, musste er den Gipfel des Berges ersteigen. Dort hielt er sich sechs Tage in einer Wolke auf und bereitete sich vor auf die Begegnung mit Gott. Am siebten Tag geruhte es dem Herrn, Mose die Bauweise der Bundeslade zu zeigen. Unter Mose und seinem relativ späten Erkennen sind all jene zu verstehen, die viel Zeit benötigen, um zum Gipfel dieser geistigen Übung zu gelangen – und nur dann, wenn Gott geruht, ihnen diese Erfahrung zu schenken.

Während auch später Mose recht selten zur »Schau« der Bundeslade gelangte, so hatte Aaron als Tempelpriester jederzeit die Möglichkeit, im Heiligtum des Tempels hinter dem Vorhang die Lade zu schauen. Mit Aaron sind all jene gemeint, die mithilfe der Gnade geistige Gipfelerfahrungen oder – was dem gleichkommt – tiefe Versunkenheit in Gott oftmals und ohne lange Vorbereitungen erfahren dürfen.

72. Kapitel

Nicht von sich auf andere schließen

Ein »Mose« – gemeint ist jemand, der erst nach längerem Aufwand und erst nach gewisser Zeit der Einübung geistige Gipfelerfahrung macht – darf andere Menschen nicht nach seiner individuellen Erfahrung einschätzen und beurteilen. Er darf zum Beispiel nicht behaupten, dass auch andere nur sehr selten zu geistigen Tiefenerfahrungen kommen.

Ebenso darf ein »Aaron« – gemeint ist jemand, dem sich geistige Gipfelerfahrungen oftmals schenken – nicht von sich auf andere schließen und annehmen, dem anderen müsse es genauso ergehen wie ihm selbst. Weise diese Vergleiche von dir, denn so darfst du nicht denken.

Dem Herrn ist es jederzeit möglich, denjenigen, die nur wenig geistliche Erfahrung haben, plötzlich eine Überfülle davon zu schenken. Das klassische Beispiel ist Mose, der zunächst nur wenige Male auf dem Berggipfel das Urbild der Bundeslade schauen durfte. Später aber im Tal durfte er dieses Heiligtum so oft schauen, wie er es wollte.

73. Kapitel

Die Bundeslade: Sinnbild für die Gegenwart Gottes

Der Herr befahl Mose, Aaron und seine Söhne ins Priesteramt einzusetzen (vgl. Exodus 29,9). Weiter sprach er zu Mose: *Siehe, ich habe Bezalel, den Sohn Uris, den Enkel Hurs, vom Stamm Juda, beim Namen gerufen und ihn mit dem Geist Gottes erfüllt, mit Weisheit, mit Verstand und mit Kenntnis für jegliche Arbeit* (Exodus 31,2–3). Vornehmlich hatten drei Männer mit der Bundeslade des Alten Testaments zu tun: Mose, Bezalel und Aaron. Mose erfuhr auf dem Berggipfel von unserem Herrn, wie sie gebaut werden sollte. Bezalel fertigte sie im Tal nach dem Urbild, das Mose auf dem Berg gezeigt worden war. Aaron trug die Verantwortung und Sorge für die Verehrung und Heiligung der Lade. Somit konnte er sie schauen und, sooft er wollte, ihre Kraft empfangen.

Diese drei Männer repräsentieren die drei Arten, wie der Mensch das Geschenk der Gnade empfangen kann, das ihm auf seinem geistlichen Weg entgegenkommt.
- Oftmals kommt man zu dieser Gipfelerfahrung nur durch Gnade. Die Zeit und der Aufwand der Übung

spielen dabei keine Rolle. Hier gleichen wir Mose, der trotz aller Mühe, mit der er den Berg erklomm, vorerst nur selten die Bundeslade schauen durfte. Dies geschah nicht, weil er sich das Schauen selbst verdient hatte, sondern weil der Herr sie nach dem göttlichen Willen dem Mose zeigte.
- Andere Male ist es unser eigenes geistiges Verständnis, das durch Lehre und Lernen kultiviert und bereitet wird. Die göttliche Gnade unterstützt uns und führt uns zur Gottesbegegnung. Jetzt gleichen wir Bezalel, der die Bundeslade nicht eher sehen konnte, als bis er sie persönlich angefertigt hatte nach dem Urbild, das Mose auf dem Berg gezeigt worden war.
- Aaron ist ein Beispiel, wie uns göttliche Gnade aus unserem geistlichen Üben noch auf eine andere Weise zuströmen kann. Ihm war die Bundeslade anvertraut, die Mose auf dem Sinai als Urbild geschaut und die Bezalel dann im Tal gefertigt hatte. Aaron konnte sie als Tempelpriester schauen, ihre Nähe spüren und Kraft schöpfen, wann immer er wollte.

Der Lehrende der Übung der »Wolke des Nichtwissens« kann das Amt des Bezalel übernehmen, indem er vor dem geistlichen Auge des Schülers die Bundeslade geistlich anfertigt, ihre Beschaffenheit erklärt und sie ihm anvertraut. Doch dürfen wir hier nicht stehen bleiben. Du möchtest und musst zu »Aaron« werden, das heißt, du dienst ohne Unterlass dem Herrn und die »Schau der Lade« wird dir für immer geschenkt.

Lege all dein Handeln, Denken und Fühlen auf dieses Ziel hin an. Über alles Menschliche hinaus wird dir der Herr das schenken, was dir auf dem Weg der Vollkommenheit noch fehlt.

74. Kapitel

Der »Wolke« zu folgen, liegt nicht jedem

Wenn du keinen Zugang zu dieser Gebetsweise findest, weil sie – wie du meinst – deiner körperlichen und seelischen Verfassung nicht entspricht, solltest du auch mit der »Wolke des Nichtwissens« nicht beginnen. Folge eventuell deinem geistlichen Begleiter, der eine andere Gebetsweise für dich aussucht. Vielleicht erklärt dir aber auch ein Lehrender der »Wolke« die Stellen, die du nicht verstanden hast. Ein guter Rat besteht auch darin, die für dich schwer zu verstehenden Kapitel zwei- oder dreimal zu lesen. Du wirst auf der Ebene der Erfahrung feststellen, dass dir die eine oder andere Aussage, die dir bei der ersten Lektüre schwirig erschien, auf einmal leicht und verständlich vorkommt.

Wer sich von der Art dieser Gebetsweise angezogen fühlt – es ist die des Loslassens und der Hingabe –, kann dieses Buch nicht lesen oder jemanden darüber sprechen hören, ohne in sich zu spüren, dass dies alles der Sehnsucht seines eigenen Herzens wie auch seinem Geist entspringt. Findest du das Buch hilfreich,

danke Gott von ganzem Herzen und steige in diese Gebetsweise Schritt für Schritt ein.

Zeige, wie bereits zu Beginn dieses Buches geraten wird, diese Schrift niemandem außer denjenigen, von denen du glaubst, dass der Inhalt genau auf sie und ihr Suchen passt. Wenn du also die »Wolke des Nichtwissens« jemandem empfiehlst, so bitte ihn dringend, sich die Zeit zu nehmen, es in Ruhe ganz durchzulesen. Es gibt Passagen, die nicht für sich allein stehen können, sondern eines Kommentars oder Verweises auf andere Textstellen bedürfen. In der Regel werden nicht ganz zu Ende geführte Themen im folgenden Kapitel oder in den folgenden Kapiteln wieder aufgegriffen und erklärt, sodass nichts offenbleibt. Liest jemand nur wahllos diesen oder jenen Abschnitt und nicht den fortlaufenden vollständigen Text, so kann er leicht fehlgeleitet werden und die Freude an der »Wolke« verlieren.

Wende dich bei ungelösten Fragen an den Autor dieses Buches oder an jemanden, von dem die weißt, dass er die Übung der »Wolke des Nichtwissens« praktiziert. Es wäre gut, wenn gedankenlose Schwätzer, Fanatiker, Lästerer, ständig Kritisierende, Neugierige und jede Art von Besserwissern dieses Buch niemals zu Gesicht bekämen. Für sie sind diese Texte nicht geschrieben. Auch viele Menschen, die ausschließlich im aktiven Leben beheimatet und darin erfolgreich sind, werden wahrscheinlich nicht von diesem Thema angesprochen, das in eine andere und für viele Menschen neue Dimension des göttlichen Daseins führt.

75. Kapitel

Prüfe, ob die »Wolke des Nichtwissens« dein geistlicher Weg ist

Wer Kenntnis von diesem Buch erhält, indem er es liest oder einen Vortrag darüber hört, und von dem Inhalt begeistert ist, sollte die Begeisterung nicht allein zum Anlass nehmen, gleich mit der »Wolke des Nichtwissens« zu beginnen. Es könnte ja sein, dass dieser Wunsch mehr aus menschlicher Neugier als einer gnadenhaften Berufung entspringt. Wie kann man da einigermaßen sicher gehen?

Zunächst sollte man tief in sich hineinhorchen und sein Gewissen fragen. Vielleicht muss es erst von Belastendem befreit werden, bevor es uns eine klare Antwort geben kann. Als Weiteres sollten wir mit unserem geistlichen Begleiter besprechen und darauf hören, was er uns sagt und rät. Wenn wir aber noch eine größere Gewissheit haben möchten, sollten wir im Laufe der Zeit und unseres allgemeinen Betens erspüren, ob wir uns zu dieser geistlichen Gebetsweise hingezogen fühlen und ob sie sich in unserem Herzen festsetzt.

Viele fühlen sich gerade zu dieser so einfachen Gebetsübung mehr hingezogen als zu anderen herkömmlichen Wegen. Wenn ein inneres Verlangen zur Gebetsweise der »Wolke des Nichtwissens« drängt und die Sehnsucht danach keine Ruhe gibt, so ist dies ein weiteres Zeichen, dass der Herr unsere Entscheidung unterstützt.

Eines muss zum Schluss noch gesagt werden: Um in dieser Weise zu beten, ist es keine Voraussetzung, ständig und ununterbrochen den göttlichen Liebesimpuls wahrzunehmen.

- Oft ist es Gott selbst, der uns diese Liebe entzieht, damit wir nicht meinen, sie sei das Ergebnis unseres eigenen Bemühens und wir haben sie zur Verfügung, wann immer wir wollen.
- Manches Mal wird uns auch diese Gnade entzogen, weil wir uns in falscher Sicherheit fühlen und glauben, der göttliche Liebesimpuls sei dauerhaft verfügbar. Wenn uns diese Gnade, tiefer und erfüllender zu beten, hin und wieder entzogen wird, dürfen wir nicht annehmen, Gott lehne uns ab oder sei gegen uns. Im Gegenteil: Er ist unser bester Freund.
- Es kann durchaus sein, dass wir keine Liebe Gott gegenüber empfinden, wenn wir uns nachlässig im Gebet verhalten. In der Regel zieht das einen bitteren Schmerz nach sich, der das Gleichgewicht wiederherstellt.
- Manchmal lässt uns der Herr auch diese Liebe nicht empfinden, weil er eine größere Wertschätzung von uns erwartet, wenn wir diese Liebe wiedergeschenkt bekommen und neu beleben.

Eines der wichtigsten Zeichen, durch das wir erkennen, ob die Übung der »Wolke des Nichtwissens« für uns der richtige Weg ist, besteht in dem Empfinden, das sich einstellt, wenn wir nach längerem Entzug das Gnadengeschenk der Liebe wieder neu empfangen dürfen. Es zeigt sich ein noch heftigeres und brennenderes Verlangen und eine noch größere Sehnsucht, dieses Werk der Liebe zu üben als je zuvor. Die Freude, es wiedergeschenkt zu bekommen, ist weitaus größer als der Schmerz, der den Verlust verursachte.

Gottes Barmherzigkeit beachtet nicht, was du bist oder warst, sondern das, was du sein möchtest. Der heilige Gregor der Große bekräftigt: »Jedes heilige Verlangen wächst durch die Verzögerung der Erfüllung. Wenn es aber durch die verzögerte Erfüllung schwindet, dann war es nie ein heiliges Verlangen.« Wenn jemand immer weniger Freude an seiner früheren Sehnsucht hat, weil neue Sehnsüchte in ihm auftauchen oder ältere sich nach vorn drängen, so war die erstgenannte Sehnsucht durchaus nicht heilig – selbst wenn die neuen oder ganz alten Sehnsüchte auf das Gute gerichtet waren. Von dieser heiligen Sehnsucht sagt der heilige Augustinus: »Das gesamte Leben eines guten Christen ist nichts anderes als ein einziges heiliges Verlangen.«

Möge der Herr dich und deinen geistlichen Weg reichlich segnen. Möge Gott, der Allmächtige, mit dir und allen sein, die ihn lieben. Er schenke dir wahren inneren Frieden, körperliche und geistige Gesundheit, einen klugen Rat und geistliche Stärkung in der Fülle seiner Gnade. Amen.

Here Eendith The Clowde Of Unknowing

»Wolke« in der Heiligen Schrift

Der Herr zog vor ihnen her, bei Tag in einer Wolkensäule, um ihnen den Weg zu zeigen (Exodus 13,21a).

Während Aaron zur ganzen Gemeinde der Israeliten sprach, wandten sie sich zur Wüste hin. Da erschien plötzlich in der Wolke die Herrlichkeit des Herrn (Exodus 16,10).

Der Herr sprach zu Mose: Ich werde zu dir in einer dichten Wolke kommen (Exodus 19,9).

Schwere Wolken lagen über dem Berg und gewaltiger Hörnerschall erklang (Exodus 19,16b).

Das Volk hielt sich in der Ferne und Mose näherte sich der dunklen Wolke, dort, wo Gott war (Exodus 20,21).

Dann stieg Mose auf den Berg und die Wolke bedeckte den Berg. Die Herrlichkeit des Herrn nahm Wohnung auf dem Berg Sinai und die Wolke bedeckte den Berg sechs Tage lang. Am siebten Tag rief er mitten aus der Wolke Mose herbei. Mose ging mitten in die Wolke hinein und stieg auf den Berg hinauf. Vierzig Tage und vierzig Nächte blieb Mose auf dem Berg (Exodus 24,15–16; 18).

Sobald Mose das Zelt betrat, ließ sich die Wolkensäule herab und blieb am Zelteingang stehen. Dann redete der Herr mit Mose. Wenn das ganze Volk die Wolkensäule am Zelteingang stehen sah, erhoben sich alle und warfen sich vor ihren Zelten zu Boden, jeder am Eingang seines Zeltes (Exodus 33,9–10).

Der Herr aber stieg in der Wolke herab und stellte sich dort (Sinai) *neben ihn* (Mose). *Er rief den Namen des Herrn aus* (Exodus 34,5).

Dann bedeckte die Wolke das Offenbarungszelt und die Herrlichkeit des Herrn erfüllte die Wohnung. Mose konnte das Offenbarungszelt nicht betreten, denn die Wolke wohnte darauf und die Herrlichkeit des Herrn erfüllte die Wohnung (Exodus 40,34–35).

Der Herr sprach zu Mose: Sag deinem Bruder Aaron, er soll nicht zu jeder beliebigen Zeit das Heiligtum hinter dem Vorhang vor der Sühneplatte der Lade betreten. Dann wird er nicht sterben, wenn ich über der Sühneplatte in einer Wolke erscheine (Levitikus 16,2).

An dem Tag, als man die Wohnung aufstellte, bedeckte die Wolke die Wohnung, das Zelt des Bundeszeugnisses (Numeri 9,15a).

Dann aber bringt der Herr dies wieder ans Licht und die Herrlichkeit des Herrn wird erscheinen und die Wolke, genauso wie sie sich in den Tagen des Mose gezeigt hat und wie dies auch Salomo erbeten hat, dass der Ort hochheilig werden möge (2 Makkabäer 2,8).

Rings um ihn her sind Wolken und Dunkel (Psalm 97,2a).

Aus der Wolkensäule sprach er zu ihnen, sie hielten seine Gebote und die Satzung, die er ihnen gegeben (Psalm 99,7).

Du hast dich in Wolken gehüllt, kein Gebet kann sie durchstoßen (Klagelieder 3,44).

Da kam eine Wolke und überschattete sie und es erscholl eine Stimme aus der Wolke: Dieser ist mein geliebter Sohn, auf ihn sollt ihr hören (Markus 9,7).

Während er noch redete, kam eine Wolke und überschattete sie. Sie aber fürchteten sich, als sie in die Wolke hineingerieten. Da erscholl eine Stimme aus der Wolke: Dieser ist mein auserwählter Sohn, auf ihn sollt ihr hören (Lukas 9,34–35).

Literaturverzeichnis

The Cloud of Unknowing. By: Patrick J. Gallacher (Editor). Middle English Text Series. University Rochester. Robbins Library. Digital Projects. 1997.

Phyllis Hodgson (Hg.): The Cloud of Unknowing and the Epistle of Privy Counselling. Early English Text Society. Original Series 218. Oxford University Press, London 1944 (Nachdruck 1873).

William Johnston S. J. (Hg.): The Cloud of Unknowing and The Book of Privy Counselling. An enduring Classic of Christian mystical experience. Doubleday and Co., Inc., Garden City, New York 1973.

Clifton Wolters: The Cloud of Unknowing. Penguin Books. Harmondsworth 1961.

Willi Massa (Hg.): Kontemplative Meditation. Die Wolke des Nichtwissens. Mainz 1974.

Wolfgang Riehle: Die Wolke des Nichtwissens. Christliche Meister Band 8. Einsiedeln 1980.

Willi Massa (Hg.): Wolke des Nichtwissens und Brief persönlicher Führung. Anleitung zur Meditation. Freiburg, Basel, Wien 1999.

Weiterführende Literatur

Jill Raitt (Hg.): Geschichte der christlichen Spiritualität. 2. Band. Würzburg 1995, 210–213.

Peter Dyckhoff: Das Mystische Gebet. Einübung nach Dionysius. München 1996.

Peter Dyckhoff: Das Ruhegebet einüben. Freiburg 2011.

Peter Dyckhoff: Das kleine Buch vom Ruhegebet. (TB) Freiburg 2019.

Verzeichnis der Abbildungen

Vorwort
Wenceslaus Hollar (1607–1677):
Bild eines Kartäusermönches. *Ordinis Carthusiani Monachus*
Böhmischer Kupferstecher, der den größten Teil seines Lebens in England verbrachte

Bei den folgenden Abbildungen handelt es sich um Zeichnungen und Radierungen von Rembrandt (1606–1669):

Prolog
Lesender Mann, um 1650, Albertina, Wien

10. Kapitel
Versuchung Jesu, um 1650, Kupferstichkabinett der Staatlichen Museen, Berlin

16. Kapitel
Maria Magdalena und Jesus, um 1638, Rijksprentenkabinet, Amsterdam

17. Kapitel
Jesus im Haus von Marta und Maria, um 1632/33, Teylers Museum, Haarlem

19. Kapitel
Christus bei Maria und Marta, um 1648–50, British Museum, London

21. Kapitel
Christus bei Maria und Marta (Fragment), um 1612,
Slg. Dr. Simon, Zürich

25. Kapitel
Christus in Emmaus, 1634, Rijksmuseum, Amsterdam

31. Kapitel
Christus am Kreuz, um 1650, Paris, Privatbesitz

35. Kapitel
Jesus und die Samariterin, um 1648/49, Barber Institute of Fine Arts, Birmingham

46. Kapitel
Frau mit Kind, die Treppe herabkommend, 1636, Pierpont Morgan Library, New York

53. Kapitel
Der Spieler, 1641, Sammlung J. de Bruijn, Amsterdam

55. Kapitel
Verkündigung an Zacharias, um 1640, Fogg Art Museum, Cambridge (Mass.)

71. Kapitel
Mose, um 1650–1656, Kupferstichkabinett, Berlin

74. Kapitel
Lesende Frau, 1634, Rijksmuseum, Amsterdam